Organização: Rogério de Campos
Projeto gráfico e capa: Gustavo Piqueira/Casa Rex
Revisão: Alexandre Boide e Ieda Lebensztayn

Dados Internacionais de Catalogação na Publicação – CIP

D666   Dom Gurgel (1922 – 2004).
        Agonia de um padre casado. / Dom Gurgel. Prefácio de Rogério de Campos.
       - São Paulo: Veneta, 2015.
       113 p.; il.

       ISBN 978-85-63137-34-0

       1. Praxedes, Milton Gurgel (1922 – 2004). 2. Biografia de Dom
      Gurgel. 3. Bibliografia de Dom Gurgel. 4. Escritor Brasileiro. 5. Escritor
      Nordestino. 6. Literatura Brasileira. 7. História de Vida. I. Título. II.
      Recordações de um soldado. III. Poesia. IV. Um padre ladrão. V. Igreja do
      diabo. VI. Quando a velhice chegou. VII. Campos, Rogério de.

                                                          CDU 929
                                                        CDD 920

EDITORA VENETA
R. Araujo, 124, 1º andar 01220-020 São Paulo, SP
WWW.VENETA.COM.BR | CONTATO@VENETA.COM.BR

Agonia de um Padre Casado
DOM GURGEL

Prefácio 8

✠

Cronologia 11

✠

Recordações de um soldado 53

✠

Poema inacabado 123

✠

Um padre ladrão 127

✠

Igreja do Diabo 133

✠

Quando a velhice chegou... 141

✠

Agonia de um Padre Casado 151

✠

Posfácio 216

PREFÁCIO

Recruta Gurgel, Sargento Praxedes (às vezes Prexedes), Arigó, Zé da Olaria, Padre Grilo, Dom Gurgel, Milton Gurgel Praxedes. Soldado, policial, motorneiro, negociante de pele de sapo, pedreiro, padre, repentista, guia de cegos, guarda-noturno, bispo, escritor popular. Nos perdemos tentando seguir as pistas deixadas por Dom Gurgel: em um momento está com uma espingarda caçando mocós em Janduís (antiga São Bento do Bofete) no Rio Grande do Norte, mas quando olhamos de novo ele é fiscal no mercado Ver-o-Peso em Belém do Pará, mas isso tempos depois de chegar à Amazônia para ser seringueiro, e bem depois de ele ser soldado em Natal, que foi bem antes de ele terminar o ginásio no interior de São Paulo e montar seu teatro no Recife. E muito antes de construir a própria igreja. Então vamos descobrir que ele está preso, por deserção, por roubar um queijo, por participar de uma rebelião, por engano. Mas ligamos a TV e ele está comendo grilos no programa do Silvio Santos, muitos anos depois de haver participado das Ligas Camponesas de Francisco Julião (será por isso que ele foi um dos primeiros cassados pela ditadura militar? Ou pelos versos subversivos que espalhava pelos quartéis?). Em meio a tudo, arrumou tempo para criar uma grande família. Dezesseis filhos: Modlipelinda, Maridinágema, Mazotopísteles, Mequistapache, Marilândia...

Sua casa vivia cheia de gente: filhos, netos, parentes dos parentes, amigos, fiéis, cantadores e também mendigos que ele levava para serem alimentados. Cheia de gente e cheia de livros: literatura, cordel, filosofia, poesia, religião, política... Graciliano Ramos conversa com Margaret Mitchell, Cora Coralina explica algo para Simone de Beauvoir e todos se calam para ouvir o repentista Venâncio.

Nas fotos, Dom Gurgel aparece de farda, ou com o paletó que ganhou no programa do Bolinha, ou montado em um jumento, ou em uma excursão para Bertioga, ou então em uma batina celebrando casamentos e batizados e rezando uma missa para quinhentas pessoas no Jardim Oliveirinha. Mas de repente, no mesmo dia, podemos encontrá-lo em um boteco, tomando uma dose de Caranguejo (ou foram cinco?).

Escritor popular. Sim. São dezenas de livros, com tiragens de até 10 mil exemplares — a maior parte, no entanto, desaparecida em meio às andanças de Dom Gurgel. Reunimos aqui *Recordações de um Soldado*, *Agonia de um Padre Casado*, e trechos dos manuscritos de outros livros como *Igreja do Diabo* e *Quando a Velhice Chegou*.

Qual o lugar de Dom Gurgel entre os grandes escritores brasileiros do século XX? Por muita sorte, sou seu editor e não preciso responder a essa pergunta. Deixemos que os professores de literatura a respondam. Como leitor perplexo da obra de Dom Gurgel, gostaria muito de ver alguma explicação. Mas, se me permite a impertinência, professor, deixo um conselho: vá com cuidado, que Dom Gurgel é um labirinto.

Rogério de Campos

1922

Milton Gurgel Praxedes nasce em 11 de maio, no sítio Algodão, em São Bento do Bofete (hoje Janduís), Rio Grande do Norte. Filho de Daniel Gurgel do Amaral e Francisca das Chagas Benevides. Neto de Vicente Gurgel do Amaral e Oliveira e Joana Francisco Romana de Oliveira (por parte de pai) e Manoel Praxedes Benevides Pimenta e Joanna Elvidia Praxedes (por parte de mãe).

1936

Conclui o 4º ano primário no Colégio Senador Guerra, em Caicó (RN)

1939

Alista-se no Exército. Começa a namorar Severina Gurgel dos Anjos.

1942

É dispensado do Exército. Torna-se trocador e condutor de bonde, e depois tropeiro. Comercializa algodão e couro de sapo.

1944

É novamente convocado para o Exército.

1945

É diplomado no curso de datilografia Torres dos Santos em Belém do Pará.

1946

Conclui o ginásio na cidade de Lucélia, no oeste de São Paulo.

1947

Recebe a Medalha de Guerra do Exército Brasileiro.

1950

Casa-se com Severina Gurgel dos Anjos e vai morar no bairro do Tatuapé, em São Paulo, na rua Antônio de Barros, esquina com a rua Azevedo Soares. Participa ativamente da Sociedade Vicentina São Vicente de Paula, na igreja Santo Antônio de Lisboa, na Vila Santo Estevão.
Em dezembro, nasce Milton Gurgel Filho.

1952

Nasce o segundo filho: Murilo. Severina e Gurgel têm ainda dois outros filhos nos anos seguintes: Mauricio e Maria Aparecida.

1954

Já como 3º sargento, conclui o curso de arquivista-datilógrafo na Escola de Instruções Especializada do Ministério da Guerra.

1957

Por insistência de dona Pretinha (apelido de Severina), que não suportava o frio paulistano, mudam-se para Recife. Vão morar no bairro de Água Fria, perto do campo do Santa Cruz. Inicia uma intensa atividade política e participa das Ligas Camponesas de Francisco Julião. Monta, em sua casa, um teatro popular.

1958

Conclui o curso científico no Colégio Arquidiocesano de Recife. Mas, em junho, Severina morre, por problemas nos rins, depois de ser operada duas vezes. Severina deixa para Gurgel uma carta em que exige que, caso ela morra, ele se case com a prima dela, Maria de Lourdes Fernandes, filha de João Joca, um comerciante próspero de Caicó. Gurgel muda-se para Caicó e apresenta a carta para Maria de Lourdes.

1959

Casa-se com Maria de Lourdes. Eles terão doze filhos: Mansglio, Marcolândio, Merempedes, Milhomens, Maria Dalva, Maderfrânio, Mupamixades, Mequistapache, Mazotopísteles, Marilândia, Mardinagema e Modlipelinda.

1961

Admitido, com sua segunda esposa, na Irmandade do Santíssimo Sacramento, da matriz de Boa Vista (Pernambuco).

1964

É detido depois do golpe militar e afastado do Exército pelo Ato Institucional Número I, de 9 de abril. Fica preso em Santos, no navio *Raul Soares*, célebre e terrível centro de tortura da ditadura. Depois de libertado, passa a ser hostilizado pela comunidade católica da qual fazia parte, por causa da fama de subversivo.
Muda-se para São Paulo, com os quatro filhos do primeiro casamento, os quatro do segundo e também a família da mulher.

Trechos de inquéritos militares a respeito de Dom Gurgel: "O 2º Sargento do Exército, Milton Gurgel Praxedes, distribuiu e afixou material subversivo dentro da Unidade, incitou companheiros à indisciplina; agitou problemas sociais dentro da Unidade; participou de reuniões de caráter subversivo na casa 2 do km 18 e na Igreja do km 18, casa do Sgt. Falardini, Casa do Sargento de São Paulo e Casa do Estudante, tendo, portanto, deixado de levar ao conhecimento de superior o motim de cuja preparação teve conhecimento; participado de reunião de militares para discussão de assunto atinente à disciplina militar; incitado militares à prática de crime e feito apologia do crime, praticando atos de guerra".

"Em 07.10.64, o nominado, ex-segundo sargento do Exército, portador da identidade 2G-247.727, foi reformado, atingido pelo Art. 7º § 1º do Ato Institucional.

Documento na pasta Comunismo – Doc. 4172 ou na pasta Direitos Políticos Cassados – Doc 3 Fls 11.

O nominado foi indiciado em inquérito policial militar pelo quartel de Quitaúna.-. Indiciado juntamente com outros 25 sargentos.-. Distribuía nas igrejas panfletos subversivos, ficando constatado que continuava com suas atividades subversivas.-. Solicitada sua prisão preventiva".

Milton Gurgel Praxedes é o 21º nome na lista dos denunciados no processo 237/64-A, que inclui Paulo de Tarso (ex-ministro de João Goulart), Plínio de Arruda Sampaio e Almino Afonso:

"2º Sgt. Milton Gurgel Praxedes, a quem se atribui ter participado de reuniões subversivas e de incitamento à indisciplina em diversos locais, além de ter distribuído no 2º G Can 90 material incitando à indisciplina, pelo que requereu o MP sua condenação nas penas do artigo 134 § único do CPM"

1965

Escreve *Recordações de um Soldado*. Para manter a família, exerce diversas atividades: monta um bar na rua Antônio de Barros, trabalha como guarda-noturno da TV Excelsior etc.

1969

Constrói a Igreja do Senhor Bom Jesus das Oliveiras.

1971

5 de setembro – É sagrado diácono.
31 de outubro – Ordenado padre pela Ordem de São Miguel Arcanjo.

1972

24 de outubro – Aclamado bispo primaz da Ordem dos Padres Missionários do Sagrado Coração de Jesus.
Apresenta-se no programa Silvio Santos, comendo grilos e gafanhotos. Com o dinheiro do cachê, reconstrói o telhado de sua igreja.

1974

28 de julho – Participa da fundação da Associação Beneficente do Jardim das Oliveiras.

1977

O Dops prende, na cidade de Rio Negro (Mato Grosso) o sacerdote Argenário Teixeira de Lemos. "Suspeito de pertencer o mencionado elemento a movimentos subversivos". Na investigação apurou-se que "o referido padre foi ordenado pelo Bispo Dom Milton Gurgel Praxedes, este, por sua vez, foi provado se tratar do mesmo ex-segundo sargento excluído das fileiras do Exército pelo AI por ocasião da Revolução de mil novecentos e setenta e quatro, digo, novecentos e sessenta e quatro (1964), envolvido em IPM sob nº 237/64 São Paulo. Teve envolvimento em inquérito na Capital de São Paulo por distribuição de panfletos subversivos nas Igrejas".

1980

25 de janeiro – Funda o movimento Terra de Deus.
É nomeado arcebispo de Natal pela Igreja Católica Apostólica de Jerusalém.

1985

Escreve *Agonia de um Padre Casado*.

1986

Torna-se sócio do Clube de Conversação Filosófica de Natal.

2004

17 de fevereiro – Morre em Extremoz, no litoral do Rio Grande do Norte.

Dom Gurgel, quinto, da esquerda para a direita, lidera uma excursão para Bertioga.

Dom Gurgel e amigos poetas repentistas, entre eles Venâncio e Expedito.

Celebrando um casamento.

No diploma de uma das filhas.

Ao centro.

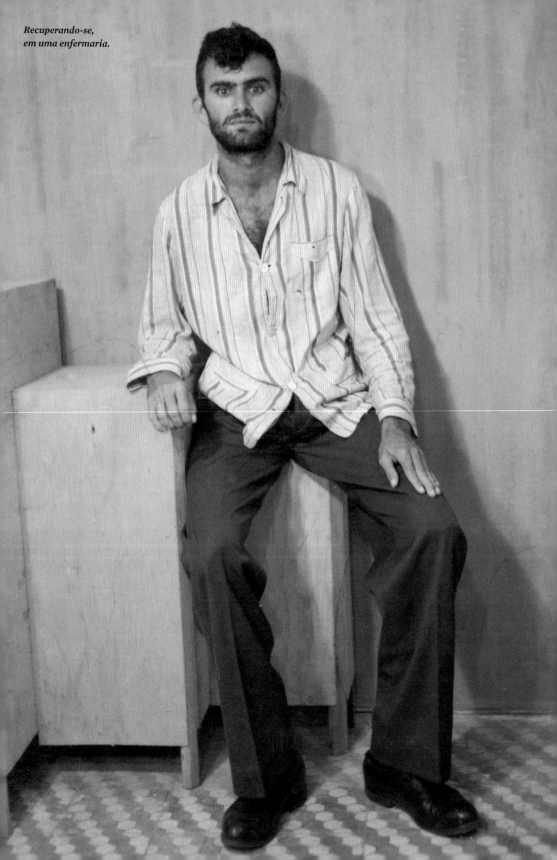
Recuperando-se, em uma enfermaria.

Dom Gurgel, ao centro, com Lourdes, sua segunda mulher, em uma das raras fotos em que ela aparece.

Distribuindo hóstias.

Cantador repentista, entre os cantadores repentistas.

Severina, a primeira esposa.

No teatro que construiu em Recife, no início dos anos 60.

Procissão no Jardim Oliveirinha, em São Paulo.

(CREDENCIAIS E IDENTIDADE RELIGIOSA)

IGREJA CATÓLICA APOSTÓLICA ORTODÓXA DE JESUS DE NAZARÉ
Rua Rio de Janeiro, 400 - B: Rancho Grande Itaquaquecetuba SP.
Registro N.o 29.231 - Artigo. 114 Lei Federal N.o 6015 de 31-12-1973.
Certificamos que de acordo com a Lei Federal N.o 2848   1824   definidos os Direitos dos Cidadãos Brasileiros de acordo com artigo 150 da Constituinte do Brasil com os parágrafos, 1-2-3-4-5-6-7-8 Está Habilitado e autorizado para Pregar o Evangelho e estabelecer Igrejas, Católica em todos os quadrantes de Nosso, querido País (Todo território nacional) Credenciado no cargo de (Padre - Sarcedote,) ou no cargo de **Bispo Primaz**
E de acordo com a lei vigente de nossa   "QUERIDA PATRIA"
Nome **Milton Gurgel Praxedes** R.G. **5.249.545**
Filiação **Daniel Gurgel do Amaral**
e **Francisca das Chagas Benevides**

Senhor como são numerosos os meus perseguidores! É uma turba que se dirige contra mim. Uma multidão inteira grita a meu respeito: "Não, não há mais salvação para ele em seu Deus!" Mas vós sois, Senhor para mim um escudo; Vós sois minha glória, vós me levantais a cabeça. Apenas elevei a voz para o Senhor Ele me responde de sua montanha santa. Eu, que me tinha deitado e adormecido, Levanto-me, porque o Senhor me sustenta. Nada temo diante desta multidão de povo, Que de todos os lados se dirige contra mim. Levantai-vos Senhor! Salvai-me ó meu Deus Feris no rosto todos os que me perseguem, Quebrai os dentes dos pecadores. Que todos os meus inimigos sejam envergonhados e aterrados; Recuem imediatamente, cobertos de confusão! ó Eel Elijon! grande, forte poderoso Deus, amansai o coração dos meus inimigos e conspiradores a fim de que me façam o Bem e não o Mal, como vós fizestes em socorro de Abrahão quando chamou pelo vosso Santo Nome. Anmém Salah!

Escola São Vicente de Paulo
Jardim Escola Igreja
Av. das Fronteira S. R. em Frente
ao Posto de Saúde - Conjunto
Santarém Tel: Recados
PADRE GURGEL
TEL. 214 4395.
761

Data da emissão: 23.11.1980.
RUA TATUÍ, 47 - COND SANTAREM
NAZARÉ, Rs

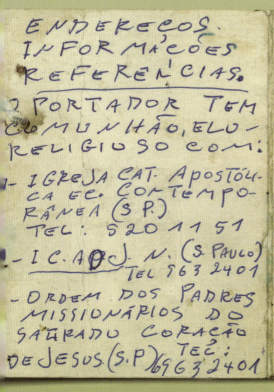

ENDEREÇOS.
INFORMAÇÕES
REFERÊNCIAS.
O PORTADOR TEM
COMUNHÃO, ELO
RELIGIOSO COM:
- IGREJA CAT. APOSTÓLICA EC. CONTEMPORÂNEA (S.P.)
TEL: 520 1151
- I.C.A.O.J.N. (S. PAULO)
TEL 963 2401
- ORDEM DOS PADRES MISSIONÁRIOS DO SAGRADO CORAÇÃO DE JESUS (S.P.) TEL: 963 2401

I.C.A.O.J.N   I.C.A.O.J.N

IGREJA CATÓLICA APOSTÓLICA ORTODÓXA DE JESUS DE NAZARÉ
Rua Rio de Janeiro, 400 TI. 464.4524
Rancho Grande Itaquaquecetuba - S.P. - Brasil
Novo Tel: 963.24.01   [O.P.M.S.C.J]

Nome **Dom Milton Gurgel Praxedes**
R.G. **5.249.545**
Rua **Nicanor Nogueira 288**
Bairro **Jd. das Oliveiras - Oliveirinha**
Cidade **São Paulo**
Presidente Dom
Arcebispo: D. Nilo Caetano de Souza

Carteira de padre.

Em Poços de Caldas, com uma amiga, mãe-de-santo.

Severina.

Soldado com muito futuro pela frente.

Padre Gurgel/ Sargento Gurgel.

Velho de guerra, no Rio Grande do Norte.

Lamentando a demolição de sua igreja, no Jardim Oliveirinha.

Soldado Praxedes

Multidão espera o início da missa de Dom Gurgel, no Jardim Oliveirinha.

Junto a um dos canhões 90 mm que davam nome ao seu batalhão.

Severina e Cabo Praxedes na imagem de recém casados.

Dom Gurgel criança, com seus pais e irmãos.

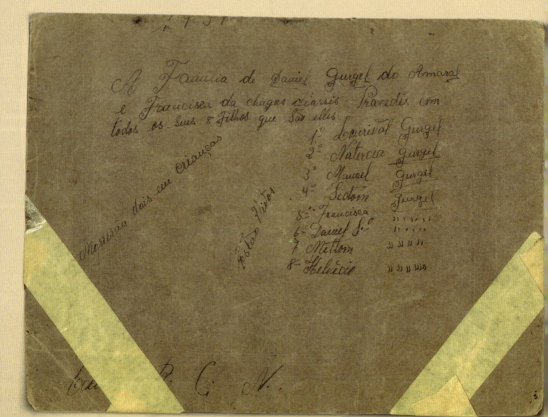

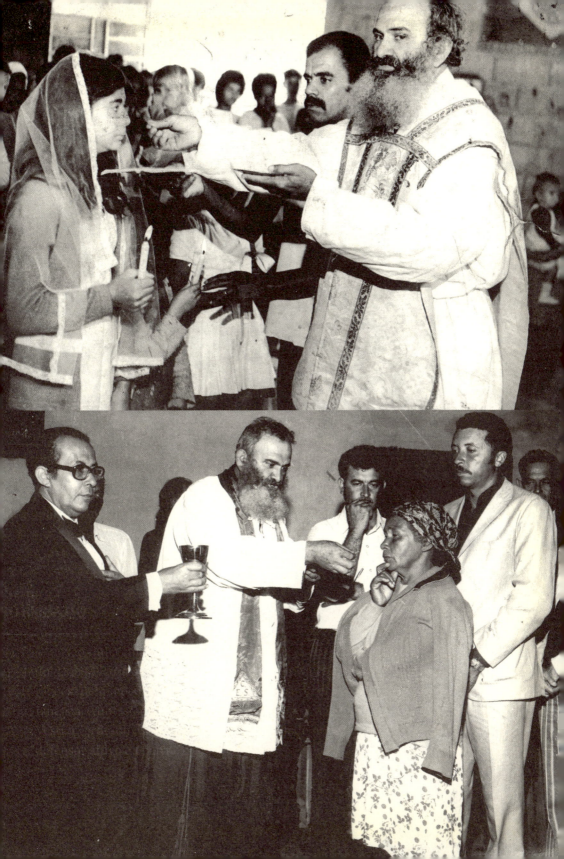

Recordações de um soldado

PREFÁCIO

"Recordações de um soldado". Li o livreto do meu amigo Milton G. Praxedes de um só fôlego. Homem de curso primário, dispensou o Praxedes as regras gramaticais. Mas cada capítulo do livreto é uma verdadeira história.

- Pe. João Comarú

Aos meus pais,
amigos,
irmãos,
inimigos,
oferece
O Autor

Capítulo 1
SOLDADO

Fui falar com uma benzedeira chamada Sicorá. A velha colocou um copo em cima de uma mesa e dentro do copo um bocado d'água. Água limpa e branda. A curandeira benzeu a água e de repente vi que o produto ficou turvo.

— Que significa isto, dona Sicorá?

— Sua vida é um tanto embaraçada, meu filho.

— Embaraçada por quê? Tenho saúde. Sou novo. Sou feliz. Encontro muito conforto na religião que professo. Meu pai, de madrugada, reza o ofício de Nossa Senhora e toda a família acompanha-o nesta oração. A oração é linda! Quando nós rezávamos a estrofe "Deus vos salve, relógio, que, andando atrasado, serviu de sinal ao verbo encarnado", eu chorava... Como posso ter vida embaraçada, se vivo feliz e tenho meu padrinho e minha madrinha que me querem tanto bem? Brinco com os primos. E não sou um dos rapazes que melhor monta a cavalo nestas redondezas? Dona Sicorá, por favor, mexe no copo, talvez a água fique limpa novamente.

A velha me atendeu e buliu de novo no copo d'água. Benzeu, rebenzeu, mas a água continuou turva, ficou mais barrenta ainda. A velha me falou:

— Sou sua amiga, menino. Sou amiga de todos que me procuram nesta choupana. Só digo a verdade. Tenha ou não a boa sorte eu aviso. Minhas orações não falham. Sou devota de São Jorge, Nossa Senhora do Carmo e meu padrinho, Padre Cícero.

— Dona Sicorá, quer dizer então que não vou ser feliz para o futuro? Viverei apenas vegetando num lugar e sem nenhum prestígio na sociedade?

A velha foi franca.

— Meu filho, segundo o que observo nesta água do Bondoso, um abismo tremendo lhe espera. Você lutará, casará e terá muitos filhos. Mas sua felicidade jamais será completa.

— Ninguém neste mundo, dona Sicorá, terá esta "felicidade completa", serei então um homem igual aos outros?

— Não, você sofrerá mais. Será um tanto fraco. Para sofrer menos, você se acovardará na vida muitas vezes. Você lançará amigos no abismo para escapar, mas um dia você cairá também no abismo e sofrerá mais que todos eles. Você se arrependerá, fará expiação de suas faltas, e só depois de muito tempo terá uma tranquilidade. Essa tranquilidade aos olhos de muitos será aparente. Você sofrerá prisões e dissabores. Muitos o condenarão. Outros o absolverão. Uns admitirão sua inocência, outros o culparão pelos fatos...

— Estou satisfeito, dona Sicorá. Já sei que vou estudar, ser um homem de posição, pelo menos advogado ou dentista, um homem simples com profissão moderada. Terei uma profissão liberal firmada na ciência como dentista, médico, advogado ou mesmo farmacêutico?

— Nada disso, menino. Muito menos. Você será um simples executor de ordens; mas brilhará como os demais; animal de pouco vulto: você será soldado.

Capítulo 2
SORTEADO

Não tinha completado dezessete anos e já era soldado. Dona Sicorá adivinhou bem. A velha estava cheia de razões. Bem moço ainda, eu já sabia que a sorte era uma fantasia. Muitas cores observamos na máscara da sorte. Vesti o verde-oliva. Agora sim. Era um soldado novo, um defensor altivo da pátria.

Minha vida se transformaria já. Soldado novo e esbelto. No primeiro dia em que vesti a farda fui alvo de inesquecíveis acontecimentos.

Um soldado antigo me pediu emprestado um lenço. Nunca mais vi aquele espertalhão. Um cabo tomou chegada à ruma de peças de fardamento e foi levando uma camiseta.

— Seu cabo, esta camiseta é minha, quer deixar aí, por favor?

— Trago já, não se afobe, recruta.

E o cabo levou a camiseta. Nunca mais me entregou. Era um tal de cabo Walfrido, de Pernambuco.

Fiz amizade com um tal de Fabrício. Esse companheiro era realmente fiel. Nunca me enganou. Evitou que diversos praças antigos me roubassem. Praça antigo tem esta mania de querer roubar os objetos e as peças de fardamento do soldado novo.

Eles chamam isso de "desapertar". São uns ladrões. Furtam e roubam os soldados novos, dizendo que é desaperto. Um dia me levaram as botinas dos pés. Em 1939, pagavam para os soldados umas botinas de couro vermelho e cheias de pregos embaixo. Quando todos reunidos no calçamento davam ordem unida, era um barulhão danado. As botas eram fortes e duras. Fiz três calos nos pés. Foram essas botas que me desapertaram. Para eu não ficar preso no segundo dia de praça quis a providência que me tornasse um ladrão sabido.

Furtei as botinas de outro colega. Nem me lembro desse pobre coitado. Foi lançada a sorte. Tinha na caserna um dever a cumprir. Um ano a dez meses tinha que tirar de qualquer modo. Precisava ser reservista. Um certificado limpo para arranjar um bom emprego. Era necessário ser bom. Ser forte, para ser bom soldado.

Comecei a me esforçar; mas era um menino fraco, sem experiência, sem prática. Só o tempo. E um dia, porém, morrerei sem nada aprender. E o tempo aí ficará grande, vitorioso, intocável e zombando de mim. Pobre soldado.

Um dia durante uma instrução de ordem unida, o cabo Moraes gritou:

— Cobrir!

— Por altura! — retificou o estúpido graduado.

Na certeza de ser o mais alto da escola, tomei logo o primeiro lugar na coluna da direita. Não havia me enquadrado bem quando o soldado Elias tomou minha frente.

— Aqui não é seu canto.

— É.

— Não é.

— É.

— Não é.

O colega poderia ser mais alto, mas não me conformei. Passei novamente para a frente do Elias. Este, subitamente, deu-me um pequeno empurrão, e ficou outra vez na minha frente. Não suportei tamanha afronta.

— Que agonia! Sou mais alto, Elias.

E tomei a frente do seridoense. A escola ficava desarticulada, fora de alinhamento. O cabo achou que o culpado era eu. Deu parte. Fiquei detido por quatro dias. Miserável, esse Elias. Fiquei detido. Que agonia!

No outro dia, na instrução de educação física, na hora exata de lançar granada, peguei um pedaço de uma banda de tijolo, e soltei para a frente. Sabe o que aconteceu? O pedaço do petardo foi bater no traseiro do Elias. Azar! Outra encrenca. O cabo viu. Quem foi, quem não foi? Pensando que me apresentando era considerado um bravo, gritei logo:

— Pronto! Foi eu, seu cabo.

— Qual seu número?

— 333, seu cabo, acertei a granada.

— Você vai ver o que é acertar.

Logo na parte da tarde o tal do boletim diário cantou mais alto: oito dias de detenção.

Miserável, esse Elias! Tudo aquilo em que o Elias estava metido pelo meio me atrapalhava. Detido por mais oito dias... Miserável, esse Elias. O boletim diário era um tal de boletim regimental. Hoje é chamado de Boletim Interno. Nos primeiros dias de praça, fiquei com ódio desse jornalzinho. A quarta parte do desgraçado trazia detenção, prisão e até expulsão. Condenava todo mundo, esse boletim. Boletim diário do corpo. Todas as unidades têm um boletim para prender os soldados, um praça velho me falou.

O boletim traz um balanço da vida do soldado. Elogia, prende e solta. A quarta parte do boletim é tenebrosa. Saber o que é um boletim é saber alguma coisa. Tinha sargento que lia bem. Até parecia que discursava. Quando se aproximava um oficial, o sargento gritava alto:

— Companhia, sentido!

Uma voz de comando bonita e alta, impressionava e entusiasmava; mas se é fraca e feia, pronto, a guerra está perdida. Usa-se muito dizer: "Sou praça velho". Esses praças velhos são uns desgraçados! Miseráveis que mandam na caserna. Parecem reis. São verdadeiros ratos de almoxarifados e ranchos.

Um dia, eu estava morto de sono. Não tinha cama para todos os recrutas. Fui dormir em cima de uns caixotes. Eram três os caixotes empilhados, uns sobre os outros. Escolhi o último para dormir; isto é, o terceiro andar. Quando eu ia pegando no sono, chegou um praça antigo.

— Quem está dormindo aí?

— Sou eu, recruta Gurgel, nº 333 da CMB.*

— Desce daí, recruta folgado! Aqui fala o soldado antigo, nº 26, Jaú!

Sem mais delongas, puxou os caixotes e caí do último andar daquela arapuca. Ficaram ainda dois andares.

* *Companhia de Metralhadoras do Batalhão.*

Tentei dormir outra vez, mas chegou outro praça antigo, tornou a virar os caixotes, deixando o último para ser a minha moradia e dormitório naquela noite chuvosa. Quando já ia me reconciliando com o eterno, o caixote foi virado e me levaram a última moradia.

Que agonia!

— Vocês são uns infames! Praça velho tem direito a tudo!

— Vá dormir nos infernos!

Enfrentei nessa noite o cimento úmido no quartel das Cinco Pontas, em Recife.

Sorteado... Agonia de soldado! Reclamava inutilmente minha pouca sorte. No outro dia, sonolento, eu ouvia um cabo gritar:

— Quem sabe ler e escrever? Quem quer fazer curso de cabo?

— Pronto, seu cabo, eu quero também fazer o curso de sargento.

— Entre aqui em forma.

Uns seis ou oito recrutas ficaram em forma. O cabo chegou com um pedaço de pano e uma vassoura e me entregou.

— Pronto! Recruta Gurgel, vá varrer o banheiro e limpar as privadas com este pedaço de pano.

— Mas, seu cabo, o senhor disse...

— Não interessa, você foi sorteado.

Capítulo 3
NO CALCANHAR

De todos os recrutas incorporados naquele primeiro de novembro de 1939, ninguém era mais bronco do que o recruta Gurgel. Magricela, banguelo, raquítico, desajeitado, no meio dos outros o nosso recruta era uma pedra de tropeço, como diz a Bíblia. E logo o cabo descobriu. Mocorongo, animal, quadrúpede, zebra, eram os qualificativos do cabo Moraes para os recrutas que não acertavam o passo. E eu, mui especialmente eu, parecia um azar... verdadeira agonia... não tinha jeito de acertar o passo. Infeliz recruta. Pobre Gurgel... Agonia de soldado...

E a gente ia passando rapidamente. Recrutas em marcha. Recrutas desenvolvidos! Recrutas ordenanças e recrutas datilógrafos. Recrutas na sargenteação como auxiliares etc. O recruta Gurgel, como era natural, foi escalado para trabalhar nas baias, foi cuidar de cavalos. Melhor. Até que o sargento Enoque, ferrador, mudou o meu nome.

— Você, recruta, de hoje em diante será chamado Praxedes. Recruta Praxedes. É muito melhor lhe chamar Praxedes do que Gurgel.

— Por que esta mudança súbita de nome, sargento? Todos só me chamam de Gurgel. Gurgel é melhor. Soa melhor no ouvido. É nome de família... a família Gurgel...

O sargento Enoque era ferrador. Ele cuidava dos animais, mas de gente não sabia cuidar direito. O Enoque me olhou direito:

— Olhe aqui, menino, Praxedes é melhor, posso lhe afirmar que meu avô possuiu um jumento e o nome do animal era Praxedes. Muita gente chamava de Prexedes. Praxedes ou Prexedes, o animal atendia e era um grande jumento. Meu avô me dizia que carregava o animal com cada carga de lenha que parecia até um carro de boi. O jumento era forte e nada reclamava. Minha avó disse que quando o jumento morreu, de uma mordedura de cobra, meu avô chorou dois dias e deu feriado no sítio por mais de uma semana, tanto bem o homem queria ao animal.

— Sargento Enoque, meu nome de guerra vai ser Praxedes porque um jumento tinha esse nome? Não aceito.

Vou falar com o comandante da companhia. O senhor não pode mudar meu nome assim, sem mais nem menos.

— Não, menino, você fica se chamando Praxedes só aqui nas baias. Lá na companhia você será chamado Gurgel ou só pelo número, entendeu?

— Não quero esse acordo, não, sargento Enoque. Os colegas vão ficar me chamando de Praxedes. O senhor vai ver.

O sargento Enoque sorriu e continuou com sua ignorância de 1932...

— Praxedes é melhor...

Os colegas que assistiram à conversa entre mim e o sargento Enoque propalaram o assunto na companhia. Uma boa parte dos colegas ficaram me chamando de Gurgel, outra de Praxedes ou Prexedes. Os mais ignorantes chamavam Prexedes e o próprio comandante da companhia ficava em dúvida. Um dia me chamava Praxedes, outra vez chamava Gurgel. Fiquei com raiva do sargento Enoque. Mas perdoei ao coitado. Ele era ferrador. Sabia muito bem tratar os animais.

E realmente era o soldado Gurgel, o recruta Praxedes ou Prexedes, um pobre animal naquele quartel. Um animal religioso. Agonia de soldado...

Existem coisas que até parecem duzentas. Na ânsia de chegar logo ao rancho, peguei o gorro sem pala, trocado, coloquei na cabeça e fui em frente com a companhia. O soldado Evangelista havia trocado os bibicos.* No gorrinho que peguei, um colega escrevera "Zuza".

Sem nenhuma malícia, saí desfilando diante dos camburões e recebendo o boião. Sargento Zuza estava pagando a carne. Por que o sargento Zuza só queria pagar a carne? Por que ele não ia pagar farinha ou mesmo os pedaços de pão que já estavam divididos?

Sargento Zuza era avarento, coitado, e queria que sobrasse carne. Melhor para o sargento Zuza. Para onde ia tanta sobra de carne?

Pequeno chapéu de soldado, feito de pano, com duas pontas, uma na frente e outra atrás.

Quando eu fui me emparelhando com o sargento, ele gritou furioso, pegando no meu braço:

— Como é o seu nome de guerra, recruta?

— Seu sargento, uns me chamam Gurgel, outros Praxedes.

Quase chorando expliquei ainda que um grande número de colegas me chamava de Prexedes.

O sargento Zuza era moreno, mas ficou vermelho.

— E por que então, seu atrevido, você escreveu Zuza no gorro? Eh! Num diga?

Quis abrir a boca, mas o sargento Zuza me mandou para o xadrez. Fui recolhido ao xadrez. Minha primeira vontade ao sair foi esfacelar o sargento Zuza. Mas, afinal, quem era o sargento Zuza? Um coitado. Avarento e esforçado. Cumpridor de ordens, somente. Sargento Zuza era um animal religioso também.

Depois descobriram tudo. O soldado Evangelista teve que contar uma longa história para o oficial de dia. Fui absolvido, mas o nome de Zuza ficou em relevo. De quando em quando um colega afoito gritava comigo:

— Dá licença, sargento Zuza!

Zuza para aqui, Zuza para acolá e muitos soldados ficaram presos por causa do nome Zuza. A cadência foi aberta por mim. O recruta Prexedes não tinha cadência, não sabia marchar. Mas na vez de ficar preso ele era o primeiro a puxar a cadência.

E, por falar em cadência, eu nunca tive cadência. Sempre marchei com dificuldades. Até hoje sou um homem sem cadência.

A ordem unida era dura: de seis às onze horas. Um, dois. Um, dois. Acerte o passo, Gurgel! Nove horas do dia. Um, dois. Um, dois. Acerte o passo

Praxedes! Continua de passo errado! Um, dois. O pelotão está todo bom, mas um recruta está sem cadência.

Um homem está de passo errado. Acerte o passo, Prexedes! Prexedes dos diabos! Você está de passo errado, Prexedes! Infeliz! Mocorongo. Meu pelotão está sendo observado. Acerte o passo, pelo amor de Deus! Um, dois. Um, dois. Acerte o passo, Praxedes! Prexedes dos diabos!

E o cabo Moraes jogou-me um paralelepípedo no calcanhar.

Capítulo 4
PAPEIRA

Este quartel é velho e sujo. Imundo mesmo. Parece uma tapera. Reclamei, chorei, mas fui enfiar a mão na privada. Todos faziam isso. Tinha eu também que fazer o mesmo. Limpei o vaso da latrina. Ficou bem limpinho. Depois que tudo estava pronto, bem limpo, fui falar com o cabo de dia.

— Pronto, seu cabo! Tudo limpo.

O cabo me olhou direitinho, da cabeça aos pés.

— Você, soldado Gurgel, está gordo, sadio. Que há com sua garganta?

— Nada, seu cabo. Estou bem.

— Bem nada, rapaz. Você está com caxumba.

— O que é caxumba?

— É a mesma papeira. Você vai falar com o médico no posto de saúde.

— Onde fica esse posto?

— Vou lhe conduzir até lá. Você não pode ir sozinho.

Quando chegamos à enfermaria, ou posto de saúde, o médico me olhou logo e disse:

— Tem que baixar. Com esse são dezoito que se apresentam com caxumba. O doutor escreveu no livro de visitas médicas: "Baixa à enfermaria".

Retornando ao pavilhão da companhia, reclamei que não queria sair do quartel para outro lugar. O cabo velho procurou me confortar com palavras que não eram suas:

— Esse ar não é bom aos doentes. Você precisa por força das circunstâncias variar de clima. — O cabo ficou inspirado, filósofo: — Você, recruta Gurgel, precisa ficar bom, está com olhos ansiosos de novas paisagens.

Com dois ou três dias de caserna já fui removido para um outro lugar mais afastado do quartel. Isolamento para os doentes.

Quando cheguei lá, observei que o chefe da enfermaria era um cabo. Um cabo, sim senhor.

Hoje, nos hospitais, nós encontramos primeiro-tenente, major e oxalá quantos coronéis têm vontade de ser uns simples chefes de enfermaria.

Tudo muda. Tudo se transforma na vida. Em 1939-40, um cabo; hoje um capitão, um major. E a vida continua. Também no meu tempo um aspirante comandava uma companhia; hoje é capitão, e quando o aspirante chega bisonho ao quartel fala com muita educação: "Sargento, o senhor quer acender aqui, o meu cigarro". A educação é bela. A democracia é bonita e atraente. Santa e elevada democracia. Democracia com ordem, nada de anarquia.

E alguém falou em outros tempos: a ordem, meus amigos, é a base do governo.

Isso é bonito. Cumprir ordem. Ordem superior que não seja absurda. Mas o cabo da enfermaria não ia, de maneira nenhuma, me dar uma ordem absurda. Encheu um copo com água, colocou dentro uma porção de sal amargo e me entregou, mandando que tomasse tudo.

— Tudo isto, seu cabo?

— Tudo. E se quiser mais um pouco, é só falar.

Virei o copo. Tomei tudo. Quase vomitava o líquido no ato de ingeri-lo.

O cabo me olhou sorrindo.

— Vá dormir, recruta. Você vai se levantar umas oito vezes. A privada é ali. Sirva-se à vontade!

Fiquei com o estômago embrulhado. Queria vomitar e não conseguia. Vinha aquele bolo pra boca e voltava. Agonia terrível. Toquei o dedo na goela. Nada. O bolo voltava para o estômago de novo. Não existia cama. Os doentes ficavam deitados sobre colchões de capim no chão atijolado. Bom tempo. Agonia de soldado. Noite cerrada. O cabo, de quando em quando, vinha olhar os doentes. O efeito da coisa chegou logo.

Tive que ir ao vaso receptor de fezes umas dezesseis vezes durante a noite. Evacuei tudo. Fiquei da grossura de uma vareta de espingarda. Amanheci com o estômago vazio. A garganta doía, estava toda inchada. O pescoço grosso. Os colegas ao meu lado pareciam uns tijuaçus. Tijuaçu é o que nós chamamos de tejo ou o teú. Aqui no Sul é lagarto. Fiquei com as glândulas doídas e inchadas. Fiquei sem fôlego. Agonia de soldado. O cabo me apareceu de manhã cedo e criticou:

— Você, recruta Gurgel, está bonito. Gordo, parece um padre.

— Não brinque com o caso, seu cabo, não brinque com os padres...

O cabo sorriu.

— Aqui é assim, Gurgel. O soldado só engorda quando fica com caxumba. A caxumba tem a propriedade de fazer engordar os soldados sertanejos.

Já ia dando onze horas. Estava com fome, e reclamei algo para engolir.

— Não se afobe, recruta. Você precisa ficar sem comer uns dois dias. A falta de alimento torna um recruta santo. O soldado precisa se mortificar.

— O que é se mortificar, seu cabo?

— É sofrer, é ter calma. Ter paciência!

— Eita! Cabo adiantado e bonzinho. Ele me disse que ser bom e santo é ter papeira.

Capítulo 5
AS MULHERES DO SUB

Não estou bem lembrado, mas se não me falha a memória era Califre ou Califio. Felipe não era. Me lembro bem do subtenente Felipe. Estou mais certo que era o subtenente Califre mesmo. Califre era magro e presunçoso. Ruim para os soldados. Fiquei com medo daquele subtenente. O homem era magro, feio, horroroso, antipático e carrasco. Diziam que dava três partes por dia. O sargento Alvim comentando a mania que o Califre tinha de dar parte explicou mesmo para nós:

— O Califre dá parte até da sombra dele.

Os soldados respeitavam todos os subtenentes. Chamavam respeitosamente: "Sr. subtenente!". Muito respeito para todos. Mas o Califre era um azar. Todos o chamavam de sub. Simplesmente sub. Sub Califre. Califre pra aqui, Califre pra lá. Fiquei com medo do sub. Para mim, ele era um homem extraordinariamente esquisito. Esquisito no andar, no falar e na maneira de tratar os soldados. O sub era horroroso, mas conquistador. Mulheres do Alecrim, em Natal, procuravam-no. Mulheres da Roca procuravam-no também. Mulheres do Tirol, mulheres da Baixa da Coruja, mulheres do Grande Ponto etc. Natal era do Sub. O Rio Grande do Norte precisava possuir mais mulheres para esse velho inferior do Exército. O sub era asqueroso. Os sargentos novos tinham inveja do sub. Eu, soldado de dezessete anos, tinha inveja do sub. Por que o sub tinha tantas e tantas mulheres? Mulheres novas, balzaquianas e brotos.

Mulheres velhas, mulheres boas e mulheres doentes. O sub era um terror. O Barba Azul tinha expediente para todas. De dia o sub era procurado no quartel. De noite o nosso sub era encontrado nas praças públicas, rodeado de mulheres. Uma noite, dizem, o sub foi encontrado com uma dona da alta sociedade. Dizem que era a esposa do... Bem, é melhor silenciar. Afinal de contas, o juiz tem muita confiança na esposa. O mundo é assim mesmo. A vida é completa de dissabores. Coitado do juiz! Um homem do quilate do sub falando com a esposa do juiz. Depois a sociedade ficou sabendo que o sub queria fazer amizade com a esposa do juiz para se livrar de um processo.

Triste figura a do Califre. Peitou a mulher do juiz para esconder um processo.

Tinha graça! Fugir da justiça, bajulando uma dama da alta sociedade. A esposa do juiz disse não, e o sub foi parar na justiça. Dizem que foi condenado a nove meses. Nove meses foi o tempo que a moça ficou escondida no sítio, pelo pecado que cometeu com o sub. Bem feito!

Quem manda uma moça tão bonita ter amizade com um homem tão feio. A moça depois apareceu em Natal, procurando uma "mesada" do sub. O juiz deu ganho de causa à moça. A desgraçada tinha quinze anos quando se entregou ao mostrengo. A justiça é, ainda, uma grande coisa no Brasil. O sub não deixou de ser sem-vergonha. Depois apareceu lá no quartel uma tal de Maria Pelada. Maria Pelada contava dezesseis anos quando foi desviada pelo nosso conquistador.

Das mãos do Barba-Azul a Maria Pelada passou a ser amiga dos soldados e até com os motorneiros a nossa mariposa pelada tinha "relações íntimas".

Um dia eu estava de guarda, nas baias, quando chegou Maria Pelada. Seriam sete e trinta da noite. Maria chegou com uma criança nos braços, e me perguntou :

— O senhor conhece o sub?

— Conheço, sim. É da 3ª companhia.

— Não é nada, não, soldado, mas este menino é filho dele. Meu primeiro filho. Quero tanto bem, mas o sub não me dá nem um grão de milho para esta criança. Este menino é dele!

Olhei. Um lindo garoto. Por que o sub era assim? Ofendia as moças. As moças tinham meninos. Meninos lindos, e o sub não alimentava as crianças. Fiquei triste. Tirei cinco mil réis do bolso e dei pra Maria.

Maria deitou o menino sobre uma folhas de carrapateira, e amavelmente me chamou:

— Vamos, meu bem?

— Vamos para onde? Estou de serviço. Você nem pode ficar conversando comigo...

— Vamos arranjar um garoto lindo!... Muito mais lindo que este aqui.

— Você está doida, Maria? Vá embora daqui. Se o cabo chegar eu fico preso.

Maria, coitada, tirou o menino das folhas apressada, e saiu levando-o nos braços. Braços novos e bonitos, mas finos e ossudos.

De outra vez eu estava de guarda. Meia-noite. Cinco mulheres procuram o sub. Saí do quartel e conduzi a mulherada até as proximidades da casa do sub. Inventei um recado:

— Seu sub, o comandante precisa do senhor urgente no quartel.

Escondi-me. Na hora que o sub saía da casa, as mulheres cercaram-no. Ouvi altas vozes. Algazarras. Estouros. As mulheres haviam dado uma surra no sub. Agonia da meia-noite. Agonia de soldado. Quem bateu num homem? As mulheres do sub.

Capítulo 6
O DESARRANCHAMENTO

Todas as pessoas são alegres. Mas na caserna os homens são carrancudos. A disciplina transforma os semblantes. Vivia assombrado. Um grito, um chamado, um simples psiu e já andava acelerando as pernas. Quis ser como os demais soldados. Alegre, viril, conquistador etc. Escolhi a praça Pedro Velho para minhas conquistas. Buscas e mais buscas. Farda limpa, botinas engraxadas etc. Nada. Nenhuma garota. Ninguém. Poderia cantar como cantou o poeta: "Não sou capaz de amar mulher alguma... Nem há mulher alguma no mundo, talvez, capaz de amar-me".

Nem uma mulata, nem uma babá ou mesmo peniqueira, como se diz lá no Norte. Andava, virava e nada. Bonde de graça. Alecrim, Rocas, Petrópolis, Grande Ponto. Nada. Nenhuma. Pequenas, altas, médias, nada. Ninguém me olhava, ninguém me queria. Soldado magro, arranchado, banguelo. Azar! As peniqueiras corriam de mim como o diabo da cruz. Que haveria no soldado Gurgel? Pouca sorte. Reprovado na seleção para cabo, banguelo, cocô nas botinas. Pronto!

Um dia, porém, ao levantar-me, antes que o corneteiro terminasse o toque de alvorada, ajoelhei-me e rezei. Rezei muito. Um padre-nosso, dez ave-marias e terminei com o oferecimento a Nossa Senhora. Já de pé, pedi a Santa Teresinha do Menino Jesus que naquele dia, que era sábado, me arranjasse uma garota, mesmo feia, mesmo desajeitada, caipira e até mesmo uma simples e humilde peniqueira. Agonia de soldado...

O bonde era de graça mesmo. Rumei para Lagoa Seca. Nada. Fui depois para o Alecrim, zero. Para as Rocas, idem. Oito e meia. Nove da noite, haveria a revista do recolher. Já estava no Grande Ponto e lembrei-me que o sargento

Capistrano havia me dispensado da revista. O bonde de Petrópolis chegara. Uma mulata banguela tomou o bonde e me olhou. "É com esta que vou." Agarrei-me ao estribo do elétrico, e grudado como um papa-vento fitei a mulata com olhos vidrados e ansiosos pela correspondência. A mulata não me olhou mais. Desgraçada! Feia e banguela. Vestindo chita ordinária e ainda não me olhava. Agonia de soldado!...

Na praça Pedro Velho, ela desceu. Desci também. Saí seguindo seus passos. Ia na sua "ilharga", como diz o paraense. A morena nada. Nem bola. Pigarrei, cuspi forte, falei em resfriado e nada. Os passos da mulata eram largos.

Chamei alto:

— Morena! Preciso lhe falar. Preciso falar com você. É um assunto que lhe interessa!

Nada. Adiante, ela deu uma topada e caiu. Corri. Levantei-a e no ato de levantá-la perguntei:

— Por que você está correndo de mim? Preciso lhe falar e você não me olha!

— Estou com medo, meu senhor! A patroa disse que se eu chegasse depois das nove ela me mandaria embora... Não posso falar com ninguém no meio das ruas. Ela me dispensa do emprego. Sou do interior. Tenho medo! Vá embora! Ande! Me deixe.

A mulata ia quase chorando. Eu, mísero Gurgel, comecei a suar frio. De súbito, uma cãibra na minha coxa direita. Parei um pouco. A morena desapareceu como uma codorniz no roçado do meu irmão Lourival.

Levantei um pouco a cabeça e observei a uns duzentos metros um homem de quase dois metros de altura me chamando, com sua mão direita subindo e descendo escandalosamente na praça. Era um capitão. Capitão Prado. Terror! O capitão Prado comandava uma companhia lá no meu quartel. Era o oficial das transmissões, da mobilizadora. Era um homem agigantado, mas um tanto "apressado". O capitão continuava lá do outro lado da praça na posição de sentido, esperando minha apresentação. Acelerei. No trajeto vi-me branco como a neve. Trêmulo como vara verde. Senti-me preso por trinta dias, e cabo Geraldo me escoltando para o rancho. "Preso não tem regalia! Preso não tem direito a colchão. Preso comigo é na cela, no escuro. Preso comigo é no cassetete." Geraldo era estúpido, grosseiro e covarde.

O capitão balizou a praça. Seriam 22 horas, mas tinha muita gente ali. Casais de namorados. Marinheiros com suas peniqueiras e estudantes sem sono. Muita gente seguiu logo para o local. O espetáculo era grátis. O pipoqueiro, o homem dos doces, o vendedor de rolete de cana lá estavam. Uma velha que vendia tapioca correu para o local também. A velha era amante do homem que vendia rolete de cana. Rápido, contei mais de cem pés que, divididos por dois, davam umas cinquenta pessoas. Dez horas da noite. Muita gente. O capitão lá estava. Cheguei com os bofes saindo pela boca.

— Pronto! Seu capitão, recruta Gurgel da CMB às suas ordens!

— Você, recruta, é muito atrevido! Não fez a continência por quê?

— Não o vi, senhor capitão, quase duzentos metros.

— Nada disso. Você é muito folgado. Andando aqui com sua peniqueira... Passa um capitão, e nada de continência. Bonito para a sua cara!...

— Seu capitão! Eu...

— Não diga nada. Amanhã, lá no quartel, você se apresenta a mim. Trinta dias de xadrez. Você é um recruta folgado. Aqui na praça, cheio de vida, mulher de lado, e eu, um capitão Prado, nada de continência. Bonito! Agora vá embora!

Amanhã, no quartel. Trinta dias... Agonia de soldado!..
Saí chorando, acanhado. Mil olhares. As cinquenta pessoas haviam se multiplicado. A velha das tapiocas tinha seus olhos cravados nos meus. O homem do carrinho de pipocas olhava-me penalizado. O menino dos pirulitos... todos me olhavam. Dez horas da noite. Clima bom. Saí apressado. Não sentia os pés no chão. Pobre recruta, pobre mulata. Na certa seria mandada embora. Voltaria para o interior do Estado. Iria plantar batatas... Trabalhar na roça é melhor que viver na cidade. Muito melhor que ser soldado. Soldado. Olha aí o que a gente ganha quando quer namorar...

Segunda-feira estava morto de sono. No domingo não tinha dormido, nem comido para completar o sábado, que tinha sido a mesma coisa. O tenente Sepúlveda adivinhou o meu caso.

— Que há com você, soldado Gurgel?

— Estou triste, seu tenente, o capitão Prado vai me dar trinta dias...

O tenente sorriu depois que contei o caso tintim por tintim.

— Vá, Gurgel. Vá agora mesmo se apresentar ao capitão. Ele não mais se lembra do seu caso. Quando ele perguntar "Qual é o seu caso, praça?", você diga que quer desarranchar. Ele é um bom capitão. Aposto que você será desarranchado.

— O senhor quer duplicar os trinta dias. Não estou louco, seu tenente.

— Vamos comigo, Gurgel.

— Pronto, seu capitão! Soldado Gurgel desejava desarranchar!

E o melhor aconteceu: o desarranchamento.

Capítulo 7
O CABO GERALDO

Muitos fizeram o exame de seleção para o curso de cabo. Entre os candidatos se encontravam os soldados de vários estados da federação. Do Rio Grande do Norte, do Ceará, de Pernambuco, da Bahia, do Maranhão etc.

Uns estudantes, outros funcionários. Funcionários federais, estaduais, municipais e particulares. Gurgel era condutor de bonde. Muito bem. Funcionário da Cia. Força e Luz do Nordeste do Brasil, agora soldado do glorioso Exército. Sim, porque em 1939 assentei praça, em 1940 fui licenciado e agora em 1942, devido à guerra, estou novamente incorporado.

Sou o mesmo Gurgel, reservista de primeira categoria convocado. Fui reprovado na seleção e fiquei observando os companheiros que foram aprovados. São eles: Estênio, Elias, Dorgivaldo, Abílio, Gonçalo e outros. Essa foi a primeira seleção. Tornaria a tentar na nova seleção. Outro exame seria mais fácil. Agora resignação. Enfrentaria as guardas, os plantões, as patrulhas e as faxinas.

Faxina é a nobre tarefa do soldado. Paciência.

A seleção dos candidatos foi feita com justiça. Mas como diabo Geraldo conseguira ser aprovado? Geraldo era vagabundo na vida civil, sem profissão alguma... Contudo, isso está certo. O rapaz pode ser vagabundo e inteligente. Eu não sou preguiçoso. Gosto de ler, estudar um pouco, armar uma equação simples e olhar um teorema. Perfeitamente. Um teorema. Mas só consigo mesmo olhar e achar bonito, resolver nunca. Sou desfalcado de inteligência. Tenho, pois, de me conformar. O Geraldo é inteligente, embora sujo e velhaco, magro e antipático. A inteligência nada tem a ver com essas coisas. O Geraldo passou no exame de seleção. Vai ser cabo. Cabo Geraldo. Vai comandar guarda, patrulha. Além de tudo, com o braço cheio de divisas, as moças vão cair em cima do Geraldo. As moças de Natal são assim mesmo. Elas gostam de graduados, de divisas. Em tempo de guerra vale tudo. Os cursos são chamados de emergência. A guerra está aí. Precisamos de sargentos, cabos e oficiais para a luta. Existe nos Quartéis NPO, CFSE, CCG etc.* Um mundo de cursos e concursos oferecendo oportunidade para todos. Só o Gurgel, um Praxedes sem sorte, deixará de ser cabo...

Fiz a seleção, mas fui reprovado. A média exigida era 5 no mínimo. Tirei 4,98. Fui reprovado. Pouca sorte. Agonia de soldado... É isso mesmo. Pouca sorte. A sorte vem para quem não precisa. O Geraldo, vagabundo, medíocre, desordeiro e puxa-saco, passou. Passou, sem nunca estudar. O Gurgel vivia estudando, armando carroções fracionários, decimais e levou pau. Bem feito. Era carola, beato e rezador. Quem já viu um devoto de Santo Antônio ser cabo e rezador ao mesmo tempo?

Cabo é cabo, e rezador é rezador. O curso durou apenas noventa dias. Depois desses três meses, um belo sábado, um boletim diário, hoje boletim interno, cantou o nome de todos os candidatos aprovados no curso.

Só seis tinham sido reprovados. Cem aprovados, seis reprovados. Dois por falta de aproveitamento e quatro por abandono de aulas. Esses quatro foram uns moleirões. Com preguiça, abandonaram o curso. Tanta vontade que tive de frequentar o curso e não consegui. Os quatro moleirões deixaram de ser cabos, também deixei de ser cabo. Geraldo fora aprovado com 4,95. Boa média. Com 4 passava; o Geraldo, tirou 4,95; inteligente, esse Geraldo. Sorte. Muita sorte. Mas nojento e antipático. Diziam até que Geraldo era tuberculoso. Acho que era mesmo. Nojento! Por isso que Geraldo, agora cabo Geraldo, fazia questão de dar o sobejo dele para os outros beberem.

* *Núcleo Preparatório dos Oficiais, Curso de Formação de Sargentos de Emergência, e Curso de Candidatos Graduados, respectivamente.*

Cabo sem higiene. Um dia, o monstrengo pediu minha caneca de alumínio e quando me devolveu vinha um pouco de café dentro. Joguei fora. O cabo ficou fulo. Foi pedir mais café, tomou e me ofereceu o resto.

— Quero não, senhor!

— Tome o café, rapaz!

— Me dá.

Recebi e joguei fora. O cabo me desmoralizou. Chamou-me para brigar. Mostrou-me as divisas. Disse que não era cabo feito nas coxas. Falou um mundão de besteiras. Ameaçou dar parte, recolher-me ao xadrez.

Ouvi tudo calado. A hierarquia tinha de ser respeitada. O homem era cabo, e eu um mísero soldado. Amaldiçoei os instrutores que aprovaram Geraldo num curso de cabo. Tive vontade de desertar para Caicó. Chorei.

Aquele monstrengo esguio, com apenas 42 quilos de peso, falando em me recolher ao xadrez, queria que eu ficasse tuberculoso, bebendo o seu sobejo. Miserável! E o bicho sorria quando me via humilhado. Sorria cinicamente. Conversando com os outros cabos me apontava com o dedo, dizendo "Dei uma 'mijada' naquele 'reco'"... Cabo Geraldo tornou-se logo conhecido pela sua antipatia e petulância. Gostava de uma encrenca. Abusava e praticava desmandos, prevalecendo-se de suas divisas. Prendia soldados de polícia, guardas e até escoteiros. Queria continência até de cobradores e motorneiros de bonde. Um dia, Geraldo cobrou a continência de um escoteiro. O menino era do Grupo dos Lobinhos. Escoteiro com onze anos. Geraldo mandou o menino para o quartel. Quando chegou ao quartel, que decepção! O menino era filho do tenente que estava de oficial de dia. O tenente deu uma "montada" no Geraldo. Ameaçou tirar-lhe as divisas. Ouvi tudo. Deu-me vontade de rir, mas fiquei calado. Agonia de soldado!...

Um dia, o Geraldo chegou com quatro civis, presos no quartel. Explicou ao oficial de dia que os paisanos estavam com mulheres lá nas matas de Petrópolis. O tenente perguntou se Geraldo era mulher. Soltou os homens e mandou o Geraldo detido para o alojamento.

Certa vez, acordei às duas da madrugada com uma zoada medonha no corpo da guarda. Mais de dez mulheres falavam ao mesmo tempo. O tenente começou a sorrir ouvindo a história das mulheres. Uma dizia que o homem não tinha dinheiro, e queria beber e namorar. Outra disse que o homem foi para o quarto e não pagou. Outra disse que era a quinta vez que o homem comia e não queria pagar as comidas no barzinho. Outra explicava que o homem já estava devendo as cinco vezes em que fizera fiado para ele. Olhei. Reconheci mesmo o "homem": era o cabo Geraldo.

Capítulo 8
A MELANCIA

O batalhão acampara na região de Ponta Negra. Era o nosso primeiro acampamento. No mato, no campo, como a vida é boa!

Achei um ninho de anum. Tirei quatro ovos e cozinhei na minha marmita de campanha. Quando os ovos estavam cozidos, um colega visitou minha barraca e roubou-os.

Ladrão de ovos! Ladrão. Quatro ovos de anum. Ladrão! E um danado desses se dizia defensor da pátria. Rouba meus ovos e ainda se diz defensor. Fiquei fulo. É claro.

Havia perdido o almoço. Estava com uma fome igual à de 77, no Ceará. Fome. Poderia ter ido até a barraca do rancho e pedido comida. Mas não fui. E se fosse o sargento Zuza me prenderia. Prendia a mim, mas o ladrão de ovos estava solto. Quem seria o ladrão de ovos? Seria o Josino?

Josino tinha cara de ladrão de ovos. Mas era um bom colega. Não foi o Josino. Pensei logo no Elmírio Galdino. Elmírio tinha a instalação pregada errada. Era "zarolho". Os olhos dele viviam brigando, mas era briga de irmãos. Teria sido o Elmírio?

— Elmírio, foi você quem retirou os meus ovos da marmita, dentro de minha barraca?

Elmírio caiu na risada, gargalhou alto, bem alto.

— Foi você mesmo, ladrão de ovos! Quero meus ovos, senão vou falar ao capitão.

— Besteira, Gurgel, estou rindo de sua maneira de perguntar. Não peguei, nem vi ovos de ninguém. Você está doido?!

— Doido de fome, fiquei sem almoço.

— Que fome nada, rapaz. Lá naquela barraca tem uma melancia. Foi um lavrador quem trouxe dizendo que era para um Gurgel de Caicó. Só pode ser você. O lavrador foi mandado para fora do acampamento, que aqui não é lugar de civis. No acampamento só entram militares. Vá buscar a melancia, é sua.

— Claro que é. Só tem eu de Gurgel aqui.

Fui à barraca e retirei a melancia. Era grande e comprida. Quando eu ia retirando a fruta, o Elmírio deu-me um empurrão, e a melancia caiu. Pedaços para todos os lados. Mais de vinte soldados invadiram a área frutífera, e comeram os pedaços que agarraram pelo chão. Quem menos comeu fui eu. Miseráveis! Tive vontade de pedir minha baixa.

Pensei em desertar. Agonia de soldado...

Na hora de formatura, o silêncio era profundo. O sargento leu o boletim, e depois lançou em cara um enorme desafio.

— Cretinos e audaciosos, ladrões, vocês estão sujeitos a expulsões! Silêncio! Quem comeu a melancia?
— Que melancia, sargento? perguntei.
— A melancia do capitão.

Capítulo 9
LADRÃO DE LÂMPADAS

Hoje li numa revista a seguinte frase: "A nossa língua possui aproximadamente 11 mil verbos, dos quais mais de 10 mil são da primeira conjugação".

Não sou gramático. Sou soldado. Penso que no Brasil existem mais de 11 mil ladrões. Muito mais. Sinto isso de perto e sofro as consequências. De quando em vez, estou pagando uma lâmpada que é furtada lá no WC. Parece um azar. Sempre que era escalado para o plantão dos banheiros, ficava de sobreaviso. Na minha hora a lâmpada do WC não desaparecia, mas no outro dia, na passagem do serviço, era aquela briga.

— Falta uma lâmpada no banheiro. Todos os plantões vão pagar.

— Eu não. Sou do interior. De Caicó. Pra que diabo preciso de uma lâmpada?

O cabo Geraldo dizia logo:

— Todos são cúmplices. Vão pagar.

— Uma lâmpada custa 3 mil réis. Cada um paga mil réis.

Esta era a sugestão do Antônio, um dos plantões. Ele sempre gostava de dar esses palpites. O cabo de dia aprovava sempre. Eu discordava, mas, a uma ameaça do cabo Geraldo, silenciava logo. Entendi de investigar o assunto das lâmpadas. De livre e espontânea vontade procurei investigar o caso das lâmpadas roubadas. Quem seria o ladrão das lâmpadas? O número de lâmpadas roubadas já se elevava a mais de seis.

Soube que o soldado nº 331 — Antônio de Lira Cunha — em suas horas de folga ajudava um seu irmão numa oficina mecânica lá para os lados das Rocas.

Rocas é um lugar baixo, de gente baixa. Lá existiam muitos marginais. Mas o soldado Antônio, meu colega de sofrimento, não podia ser um ladrão de lâmpadas. Não era possível... Um soldado do Exército furtando lâmpadas?! Agonia de soldado.

Mentalmente, trazia a má ideia comigo. Pensamentos tristes. Quem seria o ladrão de lâmpadas? Três mil réis cada uma. Eram três os plantões do banheiro. Cada lâmpada roubada dava origem a uma mesa redonda. Os plantões pagariam. Eu discordava. O cabo Geraldo estava de pleno acordo. Nada escrevia como cabo. Tudo era acertado verbalmente.

Redobrei meus pensamentos. Toda luta é sadia. Todo trabalho é útil, por mais rude que seja.

Arranjei uns arames grossos. Não serviam. O arame para o trabalho tinha que ser fino, invisível, da cor do ar. Da cor do ar? Não sei qual é a cor do ar. Ar não tem cor... Sei lá!

Procurei então uma porção de arame e cometi a tolice de avisar no alojamento para que serviria o arame.

Cuidadosamente enrolaria o arame envolta da lâmpada do banheiro. De noite, o ladrão chegaria apressado e logo que tentasse roubar a lâmpada tomaria um choque e quiçá cairia, ótima ideia. No próximo serviço, executaria o trabalho. Quem quer pegar a galinha não diz xô!

Meu armário foi violado e o arame desapareceu. E agora? Ladrões de lâmpadas! Agonia de soldado!... O cabo de dia era o Geraldo. Comuniquei o fato. Ele me disse que tivesse mais cuidado com os meus objetos. Fechasse melhor o cadeado do armário para não perder os objetos. No caso, quem iria ficar preso era eu, por não ter cuidado com os objetos individuais.

Diante do sermão do cabo de dia, tive que ficar calado. Uma coisa se ligava com a outra e silenciei. Geraldo era cabo e amigo do soldado Antônio. Os dois não simpatizavam com minha fachada.

Fiquei calado para pensar melhor. Geraldo queria me prender de novo... Agonia de soldado... No outro sábado, fui ao Alecrim. Natal é bom, e era bom por causa disso. Lá no "ferro velho" achei um rolo de arame mais fino e cinzento.

— Este arame me serve, quanto o senhor quer nele?
— Dois cruzeiros — falou o vendeiro.
— Dou quinhentos réis.

Comprei o arame e, silencioso, fui para o quartel, porque estava de serviço no outro dia, domingo. Azar era a coincidência.

Cabo de dia: Geraldo...

Plantões do banheiro: Gurgel, Antônio e Lins.

Lins era um ótimo colega. Ativo e inteligente. Forte, amigo e cuidadoso. Depois da parada chamei Lins para um particular. Expliquei para Lins que, entre nós três, um era o ladrão de lâmpadas. Lins assustou-se.

— Gurgel, logo você, meu particular amigo e colega. Conheço toda a sua família lá de Caicó. Você conhece a minha e pensar agora que estou furtando...

— Lins, você não está entendendo o assunto. Tanto você como eu já pagamos diversas lâmpadas. Você tem protestado, eu também. O soldado Antônio sempre tem concordado em pagar. O que significa isso? Algo. Pois bem, quero combinar um negócio com você. Estou com um rolo de arame fino e cinzento. Nosso horário de serviço vai ser assim, durante a noite: oito às dez, eu; à meia-noite, você; às duas, Antônio. Neste horário de dez à meia-noite você enrola o fio na lâmpada do banheiro.

É a lâmpada que sempre desaparece. O Antônio entra no quarto às duas da madrugada... Se for o Antônio o "Homem das lâmpadas", logo ficaremos sabendo, porque você vai me acordar para ficarmos na escuta... Se nada acontecer... sábado irei me confessar, pois de minha parte lhe digo: é apenas mau pensamento...

Lins concordou. Inteligente como era, deixou o arame bem enrolado à lâmpada e ao sair da hora foi me chamar no alojamento. Ficamos de atalaia. Os dois com o ouvido na escuta. Ficamos por trás de dois pilares. Esperamos vinte minutos. De repente, escutamos um batido seco. Antônio tentara retirar a lâmpada do bocal e caíra. O sargento rondante chegou na hora exata. O soldado Antônio estava caído, sem sentidos. Levamos o "homem" dos acordos para a enfermaria. Um choque sempre é bom para os nervos. Todos ficaram surpreendidos. Eu também. Lins guardou silêncio. Cabo Geraldo chegou quinze minutos depois do baque. No Exército, tudo é interessante. Nós passamos. O tempo aí fica... Agonia de soldado... Ninguém perguntou quem era o ladrão de lâmpadas.

Capítulo 10
LADRÃO DE QUEIJO

O soldado Josino me avisou que tinha chegado de Caicó um queijo de manteiga, pesando uns três quilos. Era um queijo grande e cheiroso. Cheio de manteiga por cima e ferrado com um S, só podia ser do Seridó. Justo. Vinha de Caicó. Caicó, zona fértil e rica, dava o melhor queijo do mundo para Natal. Dava não, dá. Hoje Caicó pode se ufanar disso. Sustenta Natal e Recife de queijo. O melhor queijo do mundo. Daniel Diniz conhece bem. Quantas vezes no sítio desse caicoense ilustre fui comer queijo de manteiga. Daniel Diniz é amicíssimo de todos nós. Lá em Caicó é rei da palestra.

E, me lembrando de Daniel Diniz, recordei-me de Aderaldo Gurgel. Aderaldo foi seminarista e abandonou os estudos para ser vaqueiro. Terminou sendo criador de gado. Daniel conta muito de Aderaldo. Um ano, o fazendeiro Aderaldo entendeu de politicar e fez amizade com o padre da freguesia de Caraúbas. Os planos políticos iam dando certo, e o nosso ilustre fazendeiro, Aderaldo Gurgel, presenteou o padre da freguesia com um enorme queijo de manteiga. Numa reunião política lembrou ao pároco que o queijo estava guardado no jirau da despensa, pesava uns doze quilos. Quando o padre quisesse, poderia mandar buscar. A política sempre foi, é, e será um caso de polícia. O tempo passou rápido. Numa reunião, os dois se desentenderam e ficaram, como chamamos lá no Norte, "intrigados". O queijo do padre continuou guardado no jirau do Aderaldo. Homem de palavra! A intriga do padre com o criador perdurou uns seis anos. A política, a intriga, os fuxicos são coisas que passam, mas o tempo não. O tempo aí vai ficando, para a nossa admiração. E um belo dia a política virou. O padre e Aderaldo fizeram as pazes. Que coisa tão bela é a paz! Infeliz política. Os dois se abraçaram e retornavam aos velhos acordos. Planos para cá, planos para ali, planos para o além. E os dois se despediam, quando Aderaldo lembrou:

— Padre, o seu queijo continua guardado, quando quiser é só mandar buscá-lo.

E os caraubenses contam, ainda, que um dia observaram um machado subindo e descendo na cozinha do padre. Era o reverendo cortando o queijo para temperar a feijoada. O queijo estava forte, antigo e sólido. A casca do queijo era tão sólida quanto a amizade dos dois políticos. Acontece cada uma.

Nós estávamos no quartel em Natal e fomos dar uma volta em Caicó, e pulamos até Caraúbas.

Claro que, sendo sertanejo, o queijo foi sempre preferido por mim.

Procurei averiguar e localizar onde estava o queijo e a quem pertencia. O alojamento era grande. Muitos armários. No terceiro dia de buscas, descobri, enfim... O queijo tinha vindo de Caicó para o soldado José Antônio. Nós chamávamos esse colega pela alcunha de "Homem da Burra".

José Antônio tinha sido encontrado nas baias conversando com uma burra. Pelo colóquio amoroso travado com o animal, tomou esse apelido: "Homem da Burra". José Antônio era o tipo do colega avarento, pão-duro. Não oferecia requeijão para ninguém. Comia requeijão sozinho. Colocava a cabeça dentro do armário e começava a saborear o gostoso requeijão do Seridó.

Tantos soldados de Caicó, Jardim do Seridó, Cruzeta, Parelhas, e Zé Antônio não oferecia um fiapo do queijo. Miserável, esse Zé Antônio. Colega pão-duro e safado.

Resolvi comer um pouco de queijo. Como poderia alcançar o armário de Zé Antônio? O meu ficava na entrada do alojamento, e o dele, lá no fim.

Zé Antônio era cuidadoso; todas as vezes em que saía, fechava o armário. O queijo já estava perto de se acabar. Segunda, terça, quarta, quinta-feira. Cinco dias. Devia estar no fim. Idealizei. Pedi ao Josino que, na hora exata em que Zé Antônio colocasse a cabeça no armário para comer o queijo, fosse o mesmo chamado "em acelerado" para falar com o cabo de dia lá na entrada do alojamento. Quando ele se afastasse apressado, deixaria a porta do armário aberta, e eu encostaria para comer do queijo. Certo. Estava nas proximidades do armário quando Zé Antônio foi chamado por Josino:

— Soldado Zé Antônio, o cabo de dia lhe chama aqui, acelerado! Avança!

Zé Antônio — o medroso — avançou e empreguei a mesma técnica do dono do armário. Enfiei a cabeça dentro da botija, encostei a porta do armário, e comecei a destruição do resto do queijo. Tinha um meio quilo de resto. Comi apressado, para aproveitar a oportunidade. Descobri um pedaço de rapadura, e achei por bem misturar. Coisa boa danada! Vi-me de repente em Caicó. Queijo, rapadura, coalhada, leite, carne de sol. O tempo estava aí, à minha disposição. Tempo não passa. Nós evaporamos logo. Tempo camarada! Tempo bom! Comia queijo, comia rapadura; guloso, boca cheia, e todo satisfeito continuava com a cabeça dentro do armário, inocente, sem me lembrar na vida que era soldado do Exército. Soldado do Exército, alto e esbelto comendo queijo de manteiga, queijo do Seridó. Já viu que coisa boa? Enquanto comia me lembrei da metralhadora, do fuzil, da trincheira e até de engajar. Como é bom ser soldado do Exército! Comendo do bom e do melhor!

Comendo queijo de manteiga. Vida boa danada. E a cabeça dentro do armário de Zé Antônio. Era banguelo; mas nesta hora os dentes funcionavam bem. A vida assim valia contos de réis. Meu ordenado era de 21 mil réis. Mas comendo queijo de manteiga...

E enquanto isso, o Zé Antônio procurava o cabo de dia, mas o cabo não aparecia. E os colegas começavam a mangar do Zé Antônio. Soldado do Seridó, colega do Praxedes... Soldado branco.

O queijo havia se acabado. Já estava com o plano de ir beber água, pois a sede era forte. Agora sim. Um copo d'água. Água fresca, água boa.

Retirei a cabeça de dentro do armário, e procurava a direção do filtro. Onde ficaria a torneira?

Zé Antônio chegou com o cabo de dia. Pronto. E o pior aconteceu. O cabo gritou logo:

— Ladrão de queijo! Está preso. Ladrão de queijo!

Capítulo 11
A MENINA DO SOLDADO JAÚ

Ninguém mais viril e novo do que o moço sorridente e pulador que fardava bem e comia ainda melhor. Outro tipo não poderia ser, senão o soldado Jaú. Jaú, esbelto e bonito! Todos diziam. Irmão de um sargento, sobrinho de um tenente, cunhado de um capitão, e sua irmã mais nova, funcionária do Ministério da Agricultura.

Jaú não dava serviço. Fora de toda e quaisquer escalas, era um simples estafeta, ou moço para recados. Jaú tinha outras funções, não no Exército, lá fora. Funções civis. Funções extras. Jaú era um soldado alegre, vivo e de bom comportamento. Também, pudera! Se não dava serviço, se não fazia marchas, não cavava trincheiras nem ficava até uma ou duas da madrugada nas perigosas patrulhas, sem dúvida nenhuma, só poderia ser um bom soldado. Um soldado modelo, no dizer da nota.

Gurgel, não. Desgraçado condutor de queijo de muar! Burros fortes e bravos esperavam sempre esse recruta besta, para as grandes marchas e manobras.

Infeliz soldado. Tudo na vida é necessário. Os burros, o soldado Gurgel. Sem eles a guerra não sairia bem. A guerra sem os burros, e sem o soldado Gurgel, não era completa. Não havia êxito no campo sem o muar 27 e sem o recruta 333. Cheio de infelicidade naquele primeiro ano de praça, eu ia sendo forte e resignado. Sabem por quê? Era casto. Não conhecia as "Evas" do meu Brasil.

Puro e feliz. Igual ao sacerdote puro e santo. Vivia feliz. As minhas glândulas inferiores não tinham tido ainda a inclinação natural pelo sentido talvez de outras glândulas... glândulas femininas. Cientificamente estou falando errado, mas quero que vocês me entendam. Vim donzelo para o quartel. As mulheres não formavam no meu caminho até meus dezoito janeiros. Mas eu pensava muito em mulher quando estava no banheiro. Agonia de soldado, de recruta afobado.

Olhei certa vez para as pernas de uma prima bonita que morava em Natal. Tive má intenção. Pensamento demorado, e naquele pensamento subia até muito em cima. Pecado! Claro. Pecado por pensamento. Aprendi no catecismo, com o catequista Gorgônio, lá em São Bento. No sábado falei que ia me confessar. Fui vaiado. Os colegas cobriram-me de impropérios. Gritaram e zombaram alto: só pensou e pecou. Olha o santo! O donzelo! O padre do quartel! Chorei aperreado. Pobre recruta. Agonia de soldado...

No domingo, às quatro horas da madrugada, saí com o recruta Brito para o Alecrim. Na igreja de São Pedro, o padre confessou todo mundo. Ele era um bom confessor. Explicou que olhar simplesmente, ligeiramente, não era pecado. O perigo estava no demorar. Afaste os maus pensamentos. Padre bom. Ótimo confessor. Acho que o nome daquele padre era Geremias. Padre Geremias. Santo padre! E os meus pecados foram perdoados. O homem é carne viva. Foco de pecado. Sempre que ia à casa de Salustiano, pecava de novo. Tinha como obrigação ser tentado. Tinha como obrigação olhar sempre às pernas de Loinha. Eta prima bonita! Beleza de mulher. Agonia de soldado.

O soldado Jaú não precisava olhar. Jaú tinha centenas de pernas. Dezenas de moças desejavam Jaú. Moças loiras, morenas, mulatas, galegas, moças da cidade, moças do sítio, todas procuravam Jaú. Soldado feliz, o Jaú.

Irmão de sargento. A tia era alta funcionária. Na própria secretaria, Jaú tinha mais de dez meninas. O Jaú quisesse ou não, era adorado e desejado por todas. Quando o soldado ia saindo do quartel, mais de dez moças já o esperavam lá fora. Que diabo tinha Jaú no coração? Era feito de açúcar, por acaso? Já tinha algo parecido com um ímã no seu corpito de pilão.

Certa vez, encontrei Jaú rodeado de mais dois colegas. Foi em frente ao Ateneu. Os colegas estavam à sós. Jaú com mais de doze alunas. Havia uma teima. Uma garota queria ir ao cinema com o "nosso açúcar", outra pedia para ir à praia, uma terceira chamava-o para um passeio. Era uma luta medonha. Outra tirou o gorrinho do Jaú, uma quinta retirou o cinto. Quase deixaram o nosso herói nu. Uma morena arrematou, dizendo que Jaú era o deus do amor da mocidade. E eu? Banguelo, magro, tossindo muito, observava paciente. Tomava chegada, e todos os colegas se afastavam de mim. Todos. Os colegas, as meninas. Recruta infeliz, sem amor! Que estaria acontecendo comigo nesse momento? Tantas loiras e morenas e eu sem nada?!

Minha farda estava impecável. Quando olhei para os meus pés, tive horror de mim mesmo. As moças tinham razão. Eu tinha pisado num cocô bem mole e fedido.

Sábado encontrei uma garota de nome Ester, na feira do Alecrim. Sorriu e olhou para mim. Procurou-me mesmo. Chegou-se, como se diz.

— Você conhece o Jaú?

— Conheço, é meu colega. Somos amigos.

— Como é mesmo seu nome?

— Soldado Gurgel, para lhe servir.

A garota sorriu amavelmente.

— Gurgel, venha comigo, vamos até minha casa. É aqui na Cinco, no Alecrim mesmo.

— Vamos, meu bem.

Até que enfim, meu desejo, meu maior desejo!... Uma mulher... e que mulher! Ester, de dezesseis anos apenas... Beleza! Felicidade! Prazeres!

Quando chegamos à casa da garota, fui apresentado a uma velha feia e banguela. Por ser banguela achei que tudo sairia certo no fim.

Em casa, silêncio profundo. De repente a velha, com a voz de ronqueira, rompeu o silêncio, me apresentando à Ester.

— Gurgel, esta é a minha Ester, a menina do soldado Jaú.

Capítulo 12
O CORREEIRO CAPISTRANO

Toda profissão é boa. Ninguém pode ser um desocupado na vida. O homem deve trabalhar. A mulher como doméstica pode e deve trabalhar, muito mais do que certos homens. A mulher acorda de manhã e vai dormir depois das 22 horas. Logo, é certo que, se a mulher acorda várias vezes durante a noite para mudar as roupas do menino que chora depois de urinar, ela trabalha mais que certos homens.

Vários rapazes, várias moças deste Brasil ficarão sem prosperar. Serão, na vida, uns estacionários.

Desejo demonstrar a todos os bons amigos que o trabalho é um esporte. Vamos jogar. Ser forte é ser viril, é prosperar. Um homem do campo, o sertanejo Capistrano foi sorteado para o serviço do Exército...

Vamos jogar. Ser forte é ser viril, é prosperar. E Capistrano é um rapaz sem feitio corporal. É feio. Feio, mas de um coração bonito e alma grande. Capistrano, como todos os recrutas, entregou-se de corpo e espírito aos trabalhos e exercícios do quartel. Faxinas, serviços braçais, burocracia. Não desanimou. No roçado tinha foice. No quartel, Capistrano conta com o fuzil, com a máscara de guerra, com o morteiro. O morteiro atira e Capistrano sorri. No tiro do morteiro, ouve-se o roncar da roqueira. A roqueira é aquela arma curta do Norte com a qual festejamos as novenas nos meses de maio, e de São João, lá no Rio Grande do Norte. Capistrano lembra tudo. Homem do sertão, afeito ao sofrimento da roça e ao mesmo tempo acostumado com as alegrias da vila e das festas de casamentos: Augusto Severo ou Campo Grande, Caraúbas ou Milagres, bons lugares, nossos conhecidos.

É preciso dar tempo ao tempo. E Capistrano deu. Foi animado como recruta, como cabo, e é animado e esforçado. Estuda e lê. Lê. Quem lê mais sabe mais. Capistrano não lê *Gibi* nem histórias em quadrinhos. Estuda a matéria militar. E vai estudando. De família humilde, o modesto soldado vai galgando os degraus da escada hierárquica. Hoje cabo, amanhã sargento...

Capistrano continuará estudando. Estacionar, nunca. Capistrano é o correeiro classificado do batalhão. Rédeas, freios, cintas e outros objetos necessários para as montarias são confeccionados pelas mãos do soldado correeiro, homem do campo e hoje especialista do Exército. Correeiro do Exército. E amanhã? Correeiro da humanidade. Hoje, consertando os arreios dos muares, amanhã costurando as perfurações dos tecidos humanos. E o correeiro estudava...

Durante o dia, Capistrano não tinha tempo para estudar. A instrução e o trabalho na sua oficina de celeiro-correeiro lhe absorviam todo o tempo. Capistrano estudava durante a noite. Queimava as sobrancelhas. O homem do campo é tomado por essa força viva que o elemento da cidade desconhece: a vontade. O correeiro teve uma vontade férrea. Estudou de noite. Uns preferiram o cinema, o teatro, a pracinha, mas o nosso correeiro correu para o Ateneu. Estudar é melhor. Muito melhor.

E se todos fizessem assim? Quão bom seria. Estudar é duro, é difícil. Para estudar precisamos ter forças nas nádegas. Ficar duas, três horas por noite estudando é muita coragem, é força de vontade, é força nas nádegas... É difícil, é espinhoso mesmo. Era preciso uma têmpera constante. A perseverança com livros e cadernos arrumados só o rapaz humilde de Augusto Severo teria. Sendo de Caraúbas e da família Praxedes, condenaria esse ato. Capistrano estudava. Rapaz, como todos os outros, gostava de namorar, cinemar, banhar-se nas boas e inesquecíveis praias de Natal, mas estudava também, e estudava muito. Gostava de ler. Hoje estou sabendo o que é feito de nosso correeiro. O soldado subiu. Prosperou. O soldado subiu mesmo. Humilde e inteligente, chegou a um degrau alto da escada verde da vida. O correeiro quis estudar. Querer é poder. O homem do sertão é assim. Vive, sofre e ri. O riso é natural. No riso que morre nos cantos dos lábios, uma esperança começa a viver. O homem da roça é esse de Augusto Severo, é aquele de Caicó, é o outro de Angicos. O de Caicó chega a ser Governo do Estado, sem possuir o curso primário, o de Angicos é formado, é advogado e mesmo assim o mundo começa a propalar que ambos são ladrões, porque são políticos. Uma coisa, porém, fica registrada. O homem de Augusto Severo é médico, Capistrano, o correeiro.

Capítulo 13
O CABO GURGEL

A inveja é um pecado mortal. O pecado mortal tira a vida de nossa pobre alma. O catequista Gorgônio dizia-me sempre isso. Sempre fui invejoso. Mas uma inveja assim, meia lá e meia cá, só para não matar totalmente minha pequenina alma.

Eu tinha inveja das divisas do sargento Walter, do cabo Geraldo. A inveja das divisas do cabo Geraldo era uma inveja diferente. Das divisas do Geraldo eu tinha também raiva. Tanto fazia estar vacinado como não. Geraldo era um cabo feito nas coxas.

Eu esperava sempre uma oportunidade para fazer outro exame de seleção. A oportunidade chegou um belo dia. O capitão Nestor com lápis, livro e papel nas mãos colocou o batalhão em forma e procurou saber quem desejava fazer o exame.

— Já estou com trezentos candidatos dos outros batalhões. Nem preciso de mais, mas estou aqui de ordem do comandante. Só deve se apresentar o soldado capacitado que tenha conhecimentos de frações ordinárias e um pouco de português para o ditado.

Mais de cem candidatos deram um passo em frente. Eu estava entre eles. Trêmulo e ansioso.

Os candidatos foram conduzidos em passo ordinário para o refeitório. As mesas não davam para todos. O capitão mandou o restante se virar em assento. Uns ficaram de pé. Outros escorados nas paredes. Preferi deitar o corpo e fiz o meu exame estirado no chão, forrando a folha de papel com uma tábua. Já tinha sido condutor de bondes. Quando cobrador, meu número era 309. Minha chapa, lá na Cia. Força e Luz Nordeste do Brasil, era 309. Recordo-me perfeitamente. Filosofia de números... Fiz o exame com o peito no cimento. Frações ordinárias. Um carroção. Décimos, centésimos, vírgulas etc.

Acertei dois problemas. Errei o carroção, mas dei dentro em duas frações mistas. O ditado foi bom. Falava na Virgem Maria, a mãe de Jesus Cristo. O capitão ditava bem... falava "ôniverso" em vez de universo, mas eu escrevia certo. O capitão falava alto e compassado. Alguns candidatos pediam para repetir a frase, mas o capitão ia em frente.

Vários soldados se perderam na marcha lenta do ditado. Entregaram as provas quase chorando. O capitão dizia que era melhor para quem ficava até o final da prova. Sorria quando algum desesperado entregava a folha de papel, dizendo: "O senhor fala muito depressa". O capitão lembrava:

— Não estou falando, estou ditando, soldado.

"É melhor para quem ficar até o fim da prova". Guardei essa frase e não desesperei. Fui até à última palavra do ditado numa frase que assim escrevi: e a Virgem Santíssima é a nossa rainha, mãe e protetora nossa. Protetora, sim. Proteção toda especial para mim que passei no exame desta vez. No meio de estudantes de medicina, direito, economia, química, lá estava eu com o curso primário. Estava matriculado no curso de cabo, restava agora um esforço contínuo para não recuar. Ser aprovado de qualquer maneira. Curta inteligência. Curso primário. Ex-condutor de bonde. Chapa número 309... cobrador bisonho. Alto e distraído. O mundo dá muitas voltas. Agora o nosso cobrador aprovado em exame de seleção iria estudar um pouco, provando aos seus colegas "cabecinhas" que um homem pode mudar de profissão, mudar de nível, sem alterar a sua índole, sem transformar sequer o aspecto simples do seu caráter. Condutor chapa 309. Ano de 1939. A Guerra Mundial já se infiltrava no Brasil através dos elementos da quinta-coluna.

O Brasil precisava de homens. O Exército precisava de tropas. As tropas, por sua vez, precisavam de cabos.

O curso continuava. Sabatinas, provas de fogo e testes variadíssimos. Relembro agora de uma prova de fogo levada a efeito pelos trezentos candidatos componentes do curso, numa instrução de maneabilidade num dos morros de Ponte Negra. Sargento Varela, monitor do curso, começou a gritaria:

— Atenção, curso, vamos fazer uma prova de fogo, os últimos serão reprovados! Vão deixando os objetos aí mesmo no chão.

E começamos a marcha. Retirar o capacete e colocar sobre o solo, retirar a perneira direita... retirar a perneira esquerda... retirar a gandola. E a marcha continuava acelerada. Retirar a botina do pé direito, retirar a botina do pé esquerdo. A tropa tem que suar por todos os poros.

O morro era acidentado, mas a marcha naquele estilo deixava qualquer tropa desarticulada e rota. O pensamento era esse, quando o sargento Varela resolveu dar sua última voz de comando, antes do retrocesso:

— Atenção, curso, retirar o culote!

A maioria dos soldados ouviu por adiantamento uma outra voz de comando — retirar a cueca —, e esta foi executada parcialmente. O sargento Varela não observou essa última conduta da tropa. Deu o seguinte aviso:

— Vocês estão apenas com o fuzil. Vou apitar três vezes. Ao final do último apito, vocês devem, em marcha acelerada, retornar ao local de origem, vestindo cada um as suas peças.

E o sargento apitou. Foram três silvos longos e penetrantes nos ouvidos da recrutada. Debandamos loucamente, procurando em vão as nossas peças de fardamento que se encontravam misturadas, e em lugares por nós agora desconhecidos. Parecíamos um rebanho de búfalos na ilha do Marajó.

Quedas, urros, choros e pontapés foram comuns nessa marcha de retrocesso. E o Varela gritava:

— Vamos, mocorongos, moloides! Os últimos serão desligados. As toupeiras não receberão fitas de cabo.

Não fui o último a chegar...

Apresentei-me ao sargento Varela com uma gandola que não era minha, a botina do pé direito número 44, a do pé esquerdo número 39, e a cueca estava ausente. Mas tal ausência não foi notada pelo sargento. Quarenta minutos depois da hora marcada, um grande número de candidatos ainda procurava no mato as suas peças. Uns deliravam, outros falavam sozinhos, outros choravam. Um soldado estático observava seus companheiros, quando foi advertido pelo sargento Varela:

— Acorda, cabo Gurgel.

Capítulo 14
SARGENTO PRAXEDES

Depois de me divertir mais de 120 dias no curso de cabo, acabei sendo aprovado com um grau superior a cinco. Alguns dos companheiros que na realidade eram estudantes de curso superior foram reprovados. Isso não quer dizer nada. Matéria civil é diferente de assuntos militares. Uma coisa é o regulamento militar, outra bem diferente é a topografia civil.

Um certificado de curso primário de uma escola do interior era por mim apresentado, caso fosse solicitado. Mas um diploma por todos os colegas de curso superior era difícil. Eles haviam interrompido os seus estudos. Mas o meu curso primário, eu havia concluído com a nota: "plenamente".

Que significaria isso? Sei lá. Ainda hoje, quando olho o certificado, medito nessa palavra. Plenamente confundido. O que eu precisava naquele tempo era de estudar mais um pouco. Ser mais, aprender mais. Só fui promovido a cabo porque sabia quatro operações e um ditado, poderia ser sargento também. Era só aperfeiçoar mais um pouco os conhecimentos militares. Comecei a falar em ser sargento. Estudei mais.

Quando estava de folga, praticava com os colegas o manejo do fuzil, da pistola e da metralhadora. Expliquei um dia a um tenente que desejava muito ser sargento. O oficial disse que não era difícil, só precisava estudar mais um pouco e que eu praticasse as vozes de comando. Comecei a comandar guarda. O brado de uma voz mandando alto era no mesmo tom com o qual comandaria um regimento.

Uma vez, cheguei ao banheiro e os colegas estavam tomando banho. Ao entrar, gritei:

— Atenção, banheiro! Banheiro, sentido!

Mais de vinte cabos ficaram na posição de sentido rigorosa, todos despidos. Quando mandei "à vontade", todos sorriram.

O certo é que eu já comandava, e grandes frações me obedeciam. Vinte homens, completamente pelados, me obedeceram. Nunca tinha visto tanta gente nua na posição de sentido.

Fui praticando, fui estudando aos poucos, perdendo o medo. Já confiava em mim mesmo. De olhos vedados montava e desmontava uma metralhadora. Falei, certa tarde, com o capitão-ajudante do regimento, que me mandou imediatamente dar o nome para o curso de sargentos.

— Seu capitão, não fiz nenhuma seleção.

— Basta ter sido aprovado no curso de cabo com mais de cinco.

Fiquei satisfeito. Havia tirado mais de cinco.

Fui matriculado no curso de sargento. Vi-me de repente com três divisas no braço. Que felicidade!

Infelizmente, Geraldo já era sargento. Graças a Deus estava noutro batalhão.

Comprei cadernos, livros e comecei novo ataque. Dia e noite. Duzentos e oitenta candidatos. Tempo de Guerra. Muitas vagas. Muito alarido! Sargentos para a FEB. Sargentos para a Europa. Guerras e mais guerras.

Comprei um livro por sete cruzeiros. Ensinava como comandar o pelotão de infantaria. Comprei outro livro sobre topografia, por cinco cruzeiros. Fui comprando livros e amontoando-os dentro do armário. No melhor do curso mandaram-me para uma praia com permissão de vir à capital, sede do curso, prestar as provas e a tomar parte nas sabatinas. Fiz todas as provas, mais de dez sabatinas, marchas e acampamentos.

Os instrutores eram desligados e mandados com urgência para o depósito da FEB. Sargentos monitores embarcavam ao anoitecer. Os cabos eram transferidos e o curso ia naquela base. Duzentos e oitenta candidatos. A guerra continuava. O capitão foi transferido. O tenente Y foi para a FEB. O curso de sargento ficou entregue ao "deus-dará". O coronel chamou um dos oficiais instrutores e determinou:

— Prepare a prova final. Precisamos de sargentos. A FEB está precisando.

O tenente preparou uma prova rápida. Restavam duzentos e quinze cabos. A prova foi feita em meia hora. Um ditado. Um levantamento, um itinerário e outros assuntos. Fiz de tudo um pouco. No outro dia, o boletim publicou uma relação enorme dos aprovados e, em seguida, promovia duzentos e três cabos... Meu nome não saiu. Que teria acontecido? Não perdi uma aula. Não faltei a uma sabatina. Fiz a prova final. Acertei algo. Que teria acontecido comigo? E as minhas provas? O tenente não quis ler o meu ditado, pensei...

No outro dia cedo, fui à casa das ordens e procurei reclamar com um dos sargentos monitores.

— Não sei de nada, cabo. O tenente foi hoje de madrugada em avião especial para a FEB. Se você quiser, veja aí no mapa o que é que há com o seu nome.

Olhei. Lá no mapa, na prova final estava o meu nome: Topografia 6,00; O.T. 5,00; Combate e serviço em Companhia 6,00; Armamento 6,00; Transmissões 5,00; Conceito 7,00; Voz de comando 8,00; Aptidão Militar 6,00; etc. etc.

O pior havia acontecido. Meu nome estava no mapa, com as notas, mas sem o grau de aprovação final. Claro que com aquelas notas teria sido aprovado. Na relação dos aprovados existia uma tonelada de nomes com grau 4 limpo. Com toda a modéstia que me era peculiar, apanhei o lápis do tenente-instrutor e coloquei na casa "aprovação final", 4,17. Sem malícia nenhuma levei o grande mapa às mãos do sargento instrutor, o único remanescente dos instrutores e monitores.

— Veja aqui, sargento amigo, parece que omitiram meu nome do mapa. Terá sido descuido? Como sou infeliz!

— Calma, cabo velho. Tenha fé em Deus. Vamos olhar com calma.

E o sargento corria o dedo paulatinamente no listão... Duzentos e quinze... Lá pelo número cento e noventa e três o sargento parou com o dedão e, surpreso, respirou satisfeito:

— Tá aqui!

Olhos arregalados, olhou para mim e estirou os braços sem fim, num abraço sem tamanho, de alegria e saudações.

— Homem de sorte. Quatro vírgula dezessete. Vamos tomar um café. Parabéns, amigo.

— Não diga, sargento?!

— Está escrito. Parabéns, sargento Praxedes.

Capítulo 15
O IPM

Foi simples o fato. O condutor de boleia vinha em disparada com uma viatura de tração. Num dado momento a carroça passa por cima de um menino, esfacelando-lhe o crânio. O menino morreu e foi enterrado no cemitério do Alecrim. Até aqui nenhuma dúvida. Uma viatura, dois burros, um soldado condutor e o menino que morreu ao atravessar a pista sem olhar primeiro para a rua bastante transitável. Causou pena a morte do menino...

Tempo de guerra. O soldado ficou preso uns dias. Agonia de soldado. No xadrez, o condutor ficou triste, pensando no menino que morreu. Um dia, de comandante da guarda, perguntei ao nosso criminoso involuntário se estava com algum remorso, pensando na criança...

— Na criança não, estou pensando se vão descontar do meu soldo aqueles arreios e travessões que se quebraram no acidente. Um dos burros morreu. Foi o 26. Já estava muito velho.

Logo depois de uma semana, foi nomeado um tal de Capitão Prado para encarregado do IPM.* Depois fui notificado com um ofício de que o escrivão do inquérito era eu.

Inquérito Policial Militar.

Meu Deus do Céu! Como se pode fazer uma coisa destas? Uma caligrafia feia como a minha! Nem sabia português para ser escrivão de um IPM. Nada me perguntaram, fui nomeado nas escuras, na marra. Será que o capitão Prado poderia me ajudar em algo? Teria ele paciência e prática de IPM?

Um belo dia, o capitão me chamou e foi logo dizendo:

— Vá chamar o condutor da viatura pra falar comigo, lá em cima.

— Em cima de onde, seu capitão?

— Lá na sala do conselho.

Não sabia que sala era essa, mas um colega que ouviu a ordem do encarregado do IPM me orientou logo.

— Você vai buscar o soldado no xadrez. Fale com o oficial de dia. O preso sobe escoltado. Vá prevenido com lápis, caneta e papel. O capitão é gozado. Ele não sabe bem como é o negócio e pensa que você sabe de tudo. Tenha calma e paciência.

Falei com quem precisava, e o soldado réu subiu devidamente escoltado.

O soldado era do Seridó, um tal de Virgílio, com quase 1,79 metro de altura. Logo que penetrou na sala, o capitão olhou-o por debaixo dos óculos e falou:

— Você é o criminoso infame! Matou o burro 23, o muar de minha companhia. Você é um criminoso sem coração!

E dirigindo-se a mim:

— Eu preciso das três personagens nesta sala, senhor escrivão. Providencie imediatamente! Agora mesmo! Preciso falar com as três personagens implicadas no crime da carroça.

Fiquei branco. Não sabia que o nosso capitão era um pouco neurótico.

— Seu capitão, quais são as três personagens que o senhor quer aqui?

— O burro, a carroça e o menino.

— Mas, seu capitão, a carroça se espatifou, o menino morreu. Dos burros, um perdeu a vida, o 23, e o outro está na invernada. Mesmo assim, seu capitão, o burro não poderia nunca subir aqui, na sala do conselho de sentença! O senhor vai me perdoar...

— Não falei em burro, sargento. Quem falou aqui em carroça?

O condutor sorriu. O capitão explicou que precisava falar com o menino do atropelamento.

— O menino morreu, seu capitão.

Depois de quinze minutos de silêncio, o encarregado mandou que eu escrevesse umas dez páginas de palavras, nem me recordo mais do assunto. O burro morreu, o outro viveu. O menino faleceu. O soldado foi recolhido ao xadrez após o desastre etc.

Num dado momento, o capitão perguntou ao condutor se o menino havia se confessado antes de morrer.

— O menino teve morte instantânea, imediata, seu capitão.

— Por que você não foi chamar o padre, soldado? Criminoso vulgar, o menino morreu sem confissão.

— Que padre, seu capitão? Não tinha nenhum padre no lugar. Fui preso na mesma hora do desastre.

O capitão virava-se para mim, e sorrindo ordenava escrever:

— Não existia padre no lugar e possivelmente a criança sentiu a falta de sacerdote.

O capitão mandava que eu lesse as frases soltas e sorria baixinho... Intimamente, eu percebia que tudo estava errado e não sabia corrigir... Agonia de soldado!...

Numa hora, o condutor lembrou que um pássaro preto havia cantado em sua casa na madrugada daquele dia...

O capitão mandou escrever no IPM:

— Um pássaro preto cantou na casa do condutor; mas o pássaro não morreu. Dois elementos perderam tragicamente as suas preciosas vidas: a criança e o burro número 23 de minha companhia. A companhia de metralhadora perdeu um burro, mas não perdeu o seu comandante de companhia, que ora está escrevendo este IPM. Um capitão não anda perdendo a vida debaixo de uma viatura. Os burros são bravos; mais bravo é seu comandante.

O condutor sorria.

— Por que está sorrindo, condutor?

— Pensando na bravura do senhor.

Na mesma hora, o capitão, em ofício especial S/N, pediu a liberdade do réu. O IPM completara 36 páginas, com a seguinte conclusão: "Pede-se absolvição dos personagens: um soldado, dois burros e uma criança sem vida. Dos burros, um já não existe".

O IPM seguiu para Recife; mas voltou para o General Comandante da DI em Natal, com o item abaixo, num ofício reservado:

"Devolvo a Vossa Excelência os documentos anexos, para ser nomeado outro encarregado e também para funcionar como escrivão outro elemento, se assim exigir o caso."

Capítulo 16
SOLDADO DA BORRACHA

Estava todo cheio de vida no Exército, servindo em Natal, quando se apresentou o diabo naquela cidade, fantasiado num aviso qualquer e perguntando quem desejava ser licenciado das fileiras do Exército para seguir como soldado da borracha, com destino ao Amazonas.

Belíssima aventura! Quero, sim. Não nasci com divisas nos braços. Quero ser soldado da borracha. Tirar borracha para a guerra. É melhor. Deixei a farda de sargento e vesti um macacão cinza de soldado seringueiro. Embarquei logo no primeiro navio. Meu sonho era conhecer o Amazonas, o alto Purus e outras regiões. No navio, os companheiros só me chamavam de sargento. O apelido pegou. Cento e cinquenta soldados reservistas para o Amazonas. Homens para a borracha. Borracha para a guerra. Vamos salvar o Brasil. Seguir para a FEB ou para o Amazonas era a mesma coisa. E o navio singrava os mares. Chegamos a Fortaleza. A hospedaria estava superlotada de soldados da borracha. Quantos reservistas à procura do Amazonas! Aventureiros! Uns desejosos de trabalho, outros queriam apenas conhecer o Amazonas.

Na hospedaria, em Fortaleza, conheci um ladrão de automóvel. Falei também com um criminoso de Campina Grande. Todos iam se escapulindo das garras da polícia. O Amazonas era a liberdade para muitos, aventura para outros. Meu sonho era tirar borracha, vender, enriquecer, depois voltar. Voltar para trabalhar como agricultor no Rio Grande do Norte. Sonho apenas. Sonho frustrado. O navio deixou Fortaleza. Cinco dias depois, chegamos a Belém do Pará. Cidade velha, suja. Não era a cidade dos meus sonhos. Soldados da borracha! Salvação do Brasil! Mentira! Éramos umas iscas. Uns malandros. Ninguém queria trabalhar. Estávamos ali para conhecer o Brasil, conhecer Belém e morar no Amazonas. Borracha para ganhar a guerra. Soldados dos seringais. Agonia de soldado... Um funcionário do governo, de posse do documento protocolar, conduziu-nos para uma hospedaria no bairro do Curro. Curro de velha memória. Hospedaria do Curro. Ali ficamos guardados, prisioneiros. Uma alimentação regular. Qualquer elemento com paladar de suíno não teria o direito de reclamar.

— Boa comida! — gritava Josino.

— Você, Josino, serve para ser porco do meu chiqueiro — dizia "Nosso amigo".

Este tal de "Nosso amigo" era um expulso do Exército e da guarda civil. A turma dizia que ele tinha muita vontade de ser mulher... "Nosso amigo" era sorridente e amigo mesmo... Será que ele era ?

Na hospedaria, esperamos mais de trinta dias e o navio nada. O tempo nunca passa. Nós passamos, rapidamente. O tempo, esse monstro, aí estava, e o navio nada.

Nenhum navio. Navio nada. Não ancorou um navio sequer. Que vontade de ir para o Amazonas!...

Um belo dia, colocaram quinze homens em forma e lá se foram para o cais. Nunca mais retornaram. Embarcaram. Esperamos mais trinta dias. Nada. Os navios brasileiros estavam sendo torpedeados. Por quem?

Navios indefesos. Judiaria! Alemão miserável. E os nossos irmãos americanos desejosos de evitar... mas não podiam. Faltava borracha. Faltavam homens. Um navio, dois, vinte, trinta, quarenta, e nós na hospedaria de Belém. Alemão do diabo! Nossos navios, sem escolta e sem defesa!...

Agora me lembro de que o nosso navio, *Baependi*, quase fora torpeado, mas houve compaixão nessa viagem. Na outra, não. O *Baependi* terminou no fundo do mar. Ao todo, quarenta ou cinquenta navios. Por que, logo após os primeiros torpedeamentos, o governo não suspendia essas viagens suicidas?

— Não convinha para nós, Praxedes, fica quieto. Você é um soldado da borracha. — Josino me repreendia, severamente.

— Nós só temos um direito: o de chorar...

Houve um motim na hospedaria. Dizem que tomei parte. Levei umas cacetadas e acabei preso num quartel de polícia. Quando acordei das pancadas, um cearense estava tratando das minhas feridas. Agonia de soldado. Vi-me de repente soldado de polícia. Já não era o soldado da borracha.

Capítulo 17
TACACÁ COM TUCUPI

Em Belém do Pará tinha dia que eu não comia no quartel. Feriado, domingos e dias santos, saía do quartel sem destino e de quando em vez tirava o pé com uma negra e acabava perdendo o boião no quartel.

Um colega havia me explicado que, em Belém, existia uma beberagem indígena saborosa e muito forte, chamada tacacá. Duas, três coités davam para matar a fome de qualquer homem.

Certo sábado fui apresentado a uma tal de Olindina. Cabocla bonita e faceira. Quando procurei o colega que havia me apresentado àquela paraense tão linda, ele já se sumira na grande feira do Ver-o-Peso. Que significaria aquilo? Fazer apresentação de uma moça e depois desaparecer sem pedir licença? Colega safado!

Oh! Se todas as mulheres fossem meigas e falassem pouco. Quantas mulheres existiriam, por certo, lá no Céu... Olindina limitava-se a balançar com a cabeça, afirmando como faz a lagartixa. Por que Olindina imitava esse animal da família dos Geconídeos?

Olindina era bonitinha, não poderia nunca se parecer com uma lagartixa. Saí passeando com Olindina. Fomos ao Largo da Pólvora, Praça da República e, finalmente, estivemos na Condor. Lá tomamos um guaraná por mil réis. Conversei algo com Olindina, ela discordou e quis chorar. Observei que a moça era ingênua e resolvemos voltar para o Ver-o-Peso.

Quando chegamos à feira, passava de duas horas da tarde. Olindina estava com fome. Convidei-a para um almoço rápido, num reservado. A moça começou a chorar.

— Que há com você, menina, não está gostando do passeio?

Vi em Olindina uma destas moças bisonhas que cutuca e depois esconde as unhas. O povo começou a olhar para Olindina. Olhei também. Achei-a mais linda e muito mais tola. Não fomos almoçar no reservado. Um peixeiro me chamou à parte e explicou que conhecia a menina. Era filha de um cabo que estava preso. Seria o cabo ferrador? Saí com a moça e já soltei a mão da coitada. Caminhávamos a dois metros um do outro. Na pracinha, em frente ao palácio do governo sentamo-nos juntinhos. Quis pegar-lhe a mão. Ela não consentiu. Começou a chorar. Lembrei-me do cabo ferrador. Perguntei se ela era filha de um cabo que estava preso. Ela sorriu. Não conhecia nenhum cabo.

— Por que você quer chorar, Olindina?

— Estou pensando que todas as moças devem se casar. Constituir um lar e viver feliz. Uma moça não deve andar com um homem antes de se casar. Mamãe me disse que só tinha o direito de me beijar o rapaz que se casasse comigo. A moça de juízo perfeito deve escolher um homem bom para se casar e ter filhos, ser feliz ao lado de todos. Não posso ser feliz se não sei namorar. Quero ser bem feliz, mas não acho um homem...

— Calma, Olindina, você está falando demais. Sou um homem de bom sentimento. Você não me conhece. Quero lhe dizer que sou sargento.

— Não tenho confiança em sargento...

— Você, Olindina, quer se casar comigo e ser feliz? Quer ser minha esposa?

— Não, senhor!

— Afinal, o que é que você quer?

— Tacacá com tucupi!

Capítulo 18
O DESERTOR

No quartel de polícia fui bem tratado. O soldado cearense que cuidou de minhas feridas era muito católico e além de tudo soldado de São Vicente de Paulo.

O soldado era filho de uma pobre viúva, pertencia a uma humilde família do Ceará. Chamava-se José. Ele tratou de minhas chagas e tudo arranjou para mim. Preparou meus papéis e tirou atestado de conduta para eu assentar praça na própria polícia, não obstante ter havido o motim na hospedaria e eu ter tomado parte. José falou com um capitão velho do Ceará e em menos de quinze dias era o Gurgel um novo recruta da polícia do coronel Barata.

Todos os recrutas eram apresentados ao coronel Barata, e este particularmente perguntava o estado de cada um: solteiro, casado, viúvo etc. Pensei que fosse o estado territorial e falei, ancho:

— Sou filho do Rio Grande do Norte, a terra de Dinarte Mariz. O senhor conhece Dinarte Mariz, coronel?

— Conheço muito, menino. Dinarte é meu amigo particular. Numa revolução que houve neste país, tivemos que fugir juntos. Somos amigos.

Gravei bem a história de fuga e pedi uma carta de Dinarte me recomendando ao coronel Barata como filho de boa família e bom moço. Quando a carta chegou, fui promovido ao posto de terceiro sargento. Tive alta de posto porque já era sargento reservista do Exército. Como sargento, o meu círculo de amizade aumentou muito. Fui apresentado a diversos companheiros da corporação e mui especialmente a sargentos do Ceará e do Rio Grande do Norte, que serviam na polícia do Pará.

Fiquei morando com José. Gostava muito da velha mãe dele. Passei rapidamente esses dias, e o tempo continuava desafiando as vidas.

O coronel com a carta de Dinarte jamais dispensava uma palestra com o sargento Arigó. Arigó ficou sendo o meu nome de guerra. Sargento Arigó, peixe do coronel Barata.

O tempo aí estava, ingrato e cheio de surpresas para os viventes da terra. Tempo é monstro enganador. E o sargento Arigó passando rápido e cheio de esperanças, que morriam ao executar o movimento de "ordinário, marche!". Sempre meditei nessa marcha... Marchar para o além, para um cemitério. Como são grandes as coisas de Deus! Marchar para o além. O cemitério poderia muito bem transformar coronéis e generais, mas ainda existe muito orgulho nesses dois grandes postos!

O orgulho existe nos ombros dos oficiais, dos sargentos, dos cabos, soldados e até dos desertores. Maldito, pois, seja o orgulho no ser humano. Quem diria que de um simples gameta surgisse na face da terra um monstro orgulhoso e sadio? O desertor. E nessa hora o desertor se orgulhava e procurava saber as coisas do além! A vida espacial, a vida celeste, que só se seguia via cemitério. Alcançar a meta final era preciso.

Longe desse pensamento, vivia agora na casa do amigo José. Sargento de polícia. De ordem do meu bom coronel Barata, fui tomar conta de um mercado de peixe lá no Curro.

E o peixe era bem fiscalizado, bem vendido.

Os portugueses me obedeciam, e eu sabia também obedecer-lhes.

— Toma lá, caro sargento, leva esses peixinhos para o "senhoire".

E eu levava os peixinhos para a casa de meu amigo José. Ninguém levava em Belém uma vida melhor.

Sargento de polícia, fiscal de mercado de peixe. Multava, suspendia vendedor e mandava jogar fora o peixe deteriorado. Peixe podre não podia ser vendido à população paraense. Mil vezes o sargento Praxedes fiscalizando o Mercado do Peixe, que todas as COAP reunidas.

Um dia condenei 3 mil quilos de pescadas. Os vendedores se afobaram. Foram falar ao coronel. Queriam meu afastamento do mercado. O coronel Barata riscou na hora, mas aprovou o meu ato. O peixe lá estava fedendo e "rendido".

— O sargento tem razão. Vocês tenham paciência. Este peixe como está acaba a população de Belém.

Os portugueses ficaram calmos, e se vingariam em outra oportunidade.

— O sargento tem razão, fomos precipitados.

Os homens são na vida ovelhas em arrancadas. E fui levando a vida, mas o tempo estava aí para se vingar. O tempo é amigo dos portugueses.

E um dia, o coronel mandou que eu fosse cursar o CPOR. Precisava tirar o curso de aperfeiçoamento de sargentos para ser promovido a tenente. Estava tirando o curso. Bons instrutores. Bons monitores e boas médias. Um curso para ser oficial. Como era bom o nosso coronel Barata! O tempo aí está. Monstro e ingrato. Quando menos esperava chegou uma escolta ao CPOR:

— Vamos, Gurgel, para o Exército, você agora vai responder a um processo de deserção.

Sargento Gurgel, o desertor.

Capítulo 19
RESIGNADO OUTRA VEZ

Agora ficou melhor para mim. Preso como desertor, sem divisas, sem farda, sem nada.

Um homem deve sempre sorrir quando o sofrimento purificador lhe bater à porta velha, feita de tampa de caixão de gás. Agora vamos sorrir. Passarei um dia. O tempo aí está. Tempo é tempo, e matéria é matéria. O homem nasceu para viver, sofrer e morrer e alcançar um dia a vida eterna. Gorgônio me ensinou tudo isso.

Hoje observei um enfermeiro falando com o médico, esclarecendo que existia uma porta pontográfica quebrada. Que diabo será pontográfica? Conheço muito bem o que é porta, mas pontográfica só mesmo o médico e o enfermeiro sabem. Paciência.

Sou soldado de fileira, agora. Ainda mais, preso como desertor e condenado talvez a ir trabalhar nas baias. Certo. Trabalhar com os cavalos, cuidar de muares é sempre confortador. O pior é tolerar os homens. O coração do homem é mau.

O homem sabe o que é aço inoxidável, revestimento, sabe o que é porta pontográfica, mas ele jamais saberá que é mau. Pratica suas iniquidades e esquece que o bem é o melhor passatempo do mundo. Praticar o bem é confortador, é salutar dever de um bom cristão. Praticar o bem é fazer a melhor das caridades. Agora sou desertor. Fui licenciado para ser soldado da borracha. Não consegui ingressar nos seringais por motivos alheios à minha vontade. Por isso fui considerado desertor.

Estou sofrendo. Responder um processo de deserção significa que desertei? Não. Em tempo de guerra, é ser covarde e traidor. Desertar é cometer um crime terrível. Mas, amigos, não desertei. Fui transferido do Exército para a campanha da borracha. Como soldado dos seringais, padeci e terminei sofrendo de alguns ferimentos. Agora deixei. Fomos capturados como desertores, quando já éramos sargento cursando o CPOR.

A resignação é tudo na vida dos homens. Mergulhão era sargento comigo no 26º BC. Foi incapacitado para ser primeiro sargento, mas teria permissão de continuar segundo, fazendo dupla força. Mergulhão pediu licenciamento do Exército e hoje é major da polícia. Melhor. Estou resignado. Deus sabe o que faz. Precisamos ter vida sacrificada para apagar os pecados, dizia Gorgônio.

Estou resignado outra vez. Meus pecados são inúmeros. O homem sofre porque peca.

Estou satisfeito sofrendo. O cabo me convidou, nos seguintes termos:

— Vamos trabalhar nas baias.

Os cavalos são amigos, e nós vamos cuidar bem dos muares. É uma família unida. Os coices são corretos, deles precisamos sempre. Um coice de burro é sempre um choque benéfico. Só não serve quando é recebido muito embaixo. O soldado Trovão aposentou 3º sargento e o médico disse que não convinha se casar...

O coice foi muito embaixo. Documentação espatifada, filhos atrofiados, Trovão não quis se casar.

Estou ciente de que um dia serei absolvido desse crime que não cometi. Desertor de guerra. Bonito pra minha cara. Um homem que toda vida pensou em ser soldado voluntário agora é desertor. Vou cuidar dos burros. Burros bravos. Agonia de soldado. Estou com medo. Trovão era corajoso e forte. Derrubava burro, mordia nas orelhas dos cavalos, castrava qualquer tipo de animal e terminou levando um coice. Estou pensando... Certo.

— Eu vou, seu cabo. Vou trabalhar nas baias. Cuidar dos irmãos irracionais é bom. Agora mesmo estou decidido. Resignado mesmo. Um homem é para outro. Um animal é para outro animal. Vou cuidar dos cavalos, dos burros e de quem precisar dos meus serviços lá nas baias. Vamos lá, seu cabo.

E fui mesmo. Como é bom viver no meio dos animais. Muar número vinte e cinco, vinte e seis e tantos outros... São mansos e amigos. Melhor ser amigo dos burros do que dessa sociedade que terminou me classificando de desertor.

E agora, por onde passava, escutava uma chincada:

— Lá vai o desertor, o Arigó. Arigó de Natal.

Resignado, outra vez pensava no grande amigo coronel Barata. Se ele estivesse comandando o 26º BC, isso não aconteceria.

Estava meditando nos erros judiciários. Haveria de me defender. Advogado em causa própria. O cabo das baias chegou na hora certa. Tocou forragem. Rancho para os animais.

— Vamos já, seu desertor! Vamos cuidar dos muares.

O cabo falou mais alto:

— Vamos logo, desertor!

Chorei. Mas resignado outra vez.

Capítulo 20
O MARIDO LADRÃO

Durante o meu tempo de prisão arranjei um amigo de primeira linhagem. Era um cabo ferrador com dezoito anos de serviços. Cabo Cantídio. Cabo da velha guarda, ali estava preso por ter furtado uma bigorna da ferradoria do quartel. Um cabo com dezoito anos de serviços cair numa falta dessa natureza. Furtar uma bigorna. O coitado me disse que tinha onze filhos e que existiam duas bigornas na tenda de ferreiro:

— Uma já estava encostada num canto e descarregada da carga do batalhão. A descarregada foi a que eu vendi e pedi licença para fazer isso.

— Cabo, você tem onze filhos de uma só mulher?

— Casei-me duas vezes, sargento. Onze meninos para um homem calmo não queriam dizer nada na vida, mas a minha segunda mulher é nervosa e encrenqueira. Encrenca com os vizinhos, com os meninos e comigo também. Sei que sou mau. Furtei e vendi a bigorna para dar de comer à família. Um homem como eu, sargento, deveria ter nascido morto. Sempre procuro dar dentro de minha casa o que posso. Feijão com arroz, carne, sabão e muito açúcar. Digo açúcar porque o produto está custando oitocentos réis o quilo e arranjei cinco quilos com toda essa falta existente na praça. Quatro mil réis de açúcar numa época em que o produto é invisível é preciso ter sorte. Comprei com o dinheiro da bigorna. Mas um capitão me disse certa vez que roubar para comer não era pecado.

— Já ouvi falar isso também. Sua mulher achou bom você comprar tanto açúcar?

— Que nada, sargento!... Só não fiz apanhar. A mulher bateu nos meninos, os da primeira família ela jogou tudo pra fora de casa. Bateu nos meninos dela com um pedaço de arame, quis cuspir na minha cara e me chamou de pamonha ladrão. Me jogou tantas pragas e me disse tanto desaforo que terminei saindo de casa. Não brigo, nem discuto. A mulher tem que ser respeitada como mulher e perdoada por ser um anjo na terra. O anjo às vezes é bom, às vezes é mau. Minha mulher tem dias que é anjo bom, e em outros é anjo mau. Nesse dia ela estava com os diabos no couro. Saí de casa sem almoço, e nem abençoei os meninos... Agonia de soldado. No caminho, passei numa pinguela, dei uma topada e arranquei a unha do dedo grande do pé direito. A botina se rasgou toda. Quebrei dois dentes na queda. Feri o rosto em três lugares. Agonia de soldado. O casamento é sorte e às vezes um bom negócio. Um homem deve se casar, sargento, mas se Jesus Cristo descer lá do Céu e apontar a mulher para o homem.

— Mas você já se casou duas vezes?

— De teimoso, de doido. As pragas da mulher pegaram em cheio. Nesse dia, quando cheguei ao quartel já estava preso. Ladrão de bigorna! Todos diziam. Infeliz de mim com tantos filhos e agora preso. Preso sem saber como estão meus filhos.

E o cabo velho chorou. Depois parou e me olhou, perguntando:

— O senhor vai se casar, sargento?

— No momento, sou desertor. Estou namorando uma moça lá no Rio Grande do Norte.

— Danou-se, sargento! Faz tempo?

— Onze anos de correspondência...

Capítulo 21
UM CRAQUE NO JOGO

Devagar fui granjeando amizade de todos.

Tenente Viana, capitão Walter de Almeida, coronel Chaves e outros me queriam muito bem. Capitão Walter mandou que eu fosse jogar voleibol. No "vôli" me saí bem. Fiquei craque no jogo. Ninguém cortava melhor. Houve um campeonato interno. A Companhia de Metralhadoras do Batalhão tinha que ganhar o campeonato de qualquer maneira.

— Mesmo desertor, Arigó, você vai ser o capitão do time — me disse o capitão Walter de Almeida.

Cumpri a missão. Chefiei essa jornada no tocante ao voleibol de nossa companhia. Fui um verdadeiro atleta. Cortava, levantava e passava a bola.

O jogo de voleibol era um esporte bom, e sempre tive disposição para jogar. Capitão ou chefe. Como é bom ser chefe!

Ser chefe é tudo. Mas saber ser chefe é o que é mais difícil na vida de um homem. Como poderiam os demais componentes da equipe me chamar de chefe ou capitão, sendo eu um desertor?

Fiz-me de homem bom e educado, fiz-me de irmão. Respeitava e sabia respeitar a equipe. Exigia pelo exemplo e nunca pelo mando ou grito. Claro que, se eu era educado e bom, todos teriam de ser para comigo do mesmo modo. E assim fui chefe, fui capitão. Alcançamos a vitória e no campeonato tiramos o primeiro lugar. O mundo tudo ensina.

Quando alguém me via em trajes civis no centro da cidade, perguntava:

— Que há, capitão?

Minha resposta era simples:

— Nada, amigo, tudo em paz.

Certa vez, um cabo, na cidade velha, em Belém do Pará, me fez uma saudação exagerada:

— Que há, capitão, tudo pela vitória?

— Tudo em paz, cabo, tudo na santa paz.

Um cidadão que presenciou a cena fez também uma saudação civil para mim e em particular me chamou ao reservado de um restaurante popular.

Fiquei com medo e confesso que quase choro de aperreio. Agora, no interior do restaurante, o cidadão começou sua explicação:

— Capitão, sou o primeiro tenente Fonseca, do 27º BC de Manaus. Estou em trânsito, por ter vindo transferido de Manaus para Belém. Aqui não conheço ninguém. Precisava, senhor capitão, de alguém que me orientasse, me ensinasse como é a vida aqui em Belém. Desde aspirante que sirvo em Manaus...

— Senhor tenente...

— Um momento, capitão, desejava que o nobre capitão me explicasse como são os oficiais, os sargentos, a tropa...

— Senhor tenente...

— Com licença, capitão, não terminei ainda. O senhor poderia me dizer quantas vezes se tira oficial de dia no QG, por semana ou por mês. Precisava saber, também, se aqui em Belém as mulheres casadas são namoradeiras, se os solteiros arranjam algum xodó. Seu capitão, sou cearense e não pretendo me casar tão cedo. Será que aqui em Belém vou arranjar uma mulher nova, casada, bem feita de corpo, bem asseada para gostar de mim? Sou um cavalheiro de bom apetite e preciso de coisa boa.

— Senhor tenente...

— Vou terminar, capitão. Quero que o senhor me diga onde fica a zona das boas mulheres e, no caso de não arranjar uma mulher casada, onde posso quebrar o meu galho, sem perigo para minha saúde?

— Senhor tenente, o homem deve ser bom e amigo. Deve ser fiel a si próprio e à sociedade. O senhor precisa de se casar e viver bem ao lado de sua esposa. Uma esposa amada e querida. A paz no lar é tudo. Um lar cheio de crianças... Nada de amores proibidos...

— Senhor Capitão...

— Não sou capitão. Sou terceiro sargento desertor, recentemente absolvido no 26º B.C. Agonia de soldado!...

O tenente, calmo e meio desconfiado, perguntou por que me haviam chamado de capitão.

— Capitão de time. Jogo voleibol e fui designado pelo capitão Walter de Almeida para ser o chefe do time!

— Ah! Agora entendi tudo. Fui classificado no 26º BC também. Não diga nada dessa nossa palestra. Você joga voleibol?!

— Se jogo. Sou o tal. Um craque no jogo.

Capítulo 22
SARGENTO SEM ADVOGADO

O coronel Paulo precisava descobrir um oficial que quisesse advogar o meu caso. Não foi fácil encontrar. Os oficiais eram ocupados e todos tinham determinadas tarefas inadiáveis. Época difícil. Tempo de guerra. Fiquei preso tendo o quartel por menagem. Do alojamento até as baias eu me deslocava livremente, sem escolta. Era na realidade um desertor, mas preso de confiança. Agonia de soldado.

Alojamento e baias. No alojamento os companheiros zombavam da nossa simplicidade e da minha calça de brim escuro. Brim escuro — parecia uma mescla marrom. O desertor era resignado. Um dia, o coronel me chamou para dizer que eu continuava sem advogado. Agonia de soldado...

— Seu coronel, e o nosso tenente Iran?

— Iran é folgado, vai convencer o conselho de que você deve ser condenado. Vamos esperar um pouco mais. No momento não encontramos um oficial disposto e talentoso. Você é desertor de outra região. A guerra continua, e os homens processados devem ser absolvidos para serem aproveitados no front.

— Estou pronto, meu coronel. Até mesmo como desertor irei satisfeito defender nossa pátria no front ou em qualquer outro ponto.

Depois de algumas semanas de espera, o coronel mandou me chamar. Quando cheguei a seu gabinete, estava lá um oficial magro, de óculos e mui sorridente.

— Arigó, esse é o tenente Fábio, um bom advogado para você.

— Seu tenente, sou do Rio Grande do Norte e fui considerado desertor pela 7ª Região Militar. Juro ao senhor que não sou desertor e deixei o Exército para tirar borracha nos seringais do Amazonas. Acontece que, quando cheguei aqui a Belém, houve um sururu na hospedaria e acabei sendo preso pela polícia. Mas na polícia encontrei um cearense amigo e terminei soldado. Quando já era sargento, fazendo o curso para oficial, fui surpreendido com a ordem de prisão. Juro que não sou desertor.

— Sargento Arigó, isso não é nada. Agora lhe digo como disse uma freira: "Guerra é guerra". Vamos resolver o caso com calma.

O tenente era bom demais. Terminou me dizendo que estava aprendendo violão para no caso de seguir com a FEB ir tocando um pouco e antes de guerrear distrair os "meninos".

— Tenho vontade de seguir para a Itália, Arigó, mas de resolver o seu caso, não. O tempo é pouco para o meu violão.

— Seu tenente, o senhor é noivo?

— Perfeitamente. Pouco tempo me sobra do violão. Mas sempre que posso procuro falar com a noiva, aos domingos.

— O senhor é oficial da ativa?

— Deus me livre, Arigó, sou da reserva, convocado. Meu pai é fazendeiro no Ceará. Minha mãe possui três léguas de boca com quatro de fundos.

— Danou-se! Muita terra, seu tenente.

— Acho que foi mais por isso que meu pai se casou com mamãe.

O coronel, silencioso, escutava nosso bate-papo e sorria ligeiramente, dizendo:

— Vocês até parecem dois amigos de longa data. O Arigó gostou do advogado. Será absolvido.

— Se eu aprender a tocar bem o pinho nestes quinze dias, o Arigó será absolvido.

O coronel deu um leve sinal e saímos de seu gabinete. Saí do gabinete certo de que tanto o coronel como o tenente iriam me absolver. O conselho era meu... Vinte dias.

Depois o tenente me procurou e perguntou se eu havia resolvido alguma coisa sobre o caso.

— Que caso, tenente?

— O seu, Arigó. A defesa da acusação. Você é desertor de guerra.

— Não sei de nada, meu bom, o senhor é o meu eloquente advogado. O senhor é quem vai fazer minha defesa. O coronel falou naquele dia...

— Besteira, Arigó. Faça você mesmo sua defesa. Estou atrasado com as aulas de violão. Preciso aprender.

Imagine você, se eu for para a FEB sem saber tocar violão... Que tristeza para nós...

— Mas, seu tenente, para o front nós vamos guerrear, vamos para a FEB lutar e não tocar violão.

— Tolice, Arigó. Tocar violão e brigar são duas coisas parecidas. Quem canta seus males espanta, hoje estamos vivos, amanhã poderemos amanhecer mortos.

— Nós estamos brincando, seu tenente, e preciso ser absolvido, preciso conhecer Nápoles, e beijar o anel do Papa.

— Preciso também conhecer a 26ª lição. O pinho me chama. Minha noiva já me chamou de burro. Um tenente que não toca violão é triste.

— E o meu caso, seu tenente?

— Você é feliz, Arigó, é um homem de sorte. Mas no momento é um sargento desertor sem advogado.

Capítulo 23
ABSOLVIDO PELA ORAÇÃO

O assunto era minha condenação. Desertor de guerra. Todos me criticavam e zombavam ao mesmo tempo. Um desertor ou insubmisso é geralmente condenado a um ano, ou seis meses quando menos. O Conselho tinha dia certo para se reunir. O meu advogado era um aprendiz de violão, homem novo e trabalhador. Olhou o processo, se muito, duas vezes. O tenente não era preguiçoso, mas homem folgado estava ali. Sempre me dizia que o coronel "era do peito" e assim foi até o dia do julgamento. Terça-feira assinei um documento que me foi apresentado por um sargento, o escrivão do Conselho. O documento determinava que de ordem do Presidente do Conselho de Justiça do Batalhão teria que me apresentar sexta-feira para o julgamento final.

Assinei o documento tremendo de medo.

O escrivão relembrou ainda:

— Sexta-feira, na sala do conselho, às nove horas da manhã; não esqueça!

Tremi outra vez. Para que tantas recomendações a um homem que dava sua vida para ser soldado, e como voluntário havia se apresentado em 1939? Aposto que eu no momento era, mesmo como desertor, muito mais patriota do que aquele sargento escrivão.

Sargento chato. Repetindo ordens, sem necessidade... gastando saliva com um homem duas vezes soldado. Estava ali porque queria. Precisava comer, beber e vestir. Viera a bem da xepa. E todos que se fazem de profissionais no Exército são homens de fibra, mas, sem dúvida nenhuma, voluntários que ficam a bem da xepa. É necessário que se diga. Desde que se torne profissional, não precisa mais de comentários. Vivemos no quartel a bem da xepa. Do sargento ao general. Justamente. É isso mesmo que fica bonito, sublime. Vir sorteado, obrigado pela lei, fazer-se soldado por força dos discursos de José de Alencar não é bem ser patriota.

Contudo, foi boa a Lei, porque assim se acabou, em parte, a mamata do sangue azul. Agora serve todo mundo. O filho do general e o filho de Luiz Vale. Todo mundo tem que servir a Pátria. Sim, que ainda não vi soldado, filho de general, mas o filho de Luiz Vale, que tanto ajudava em casa, lá está com o verde-oliva no costado.

Parece um jegue, mamãe — não, é um soldado do Exército!

A vida é assim mesmo.

Hoje é sexta-feira. Muito bem. Deus seja louvado. Às nove horas vou para o banco dos réus. E o tenente, meu advogado, onde estará? Vamos ver que está na casa da noiva, aprendendo a tocar violão. A moça é exigente demais. Acho que ela já disse assim: "Só me casarei com você, tenente, se quando for para a FEB voltar capitão e souber tocar bem as músicas que me agradam". As moças de hoje são exigentes, terríveis. Por isso Olindina não quis se casar comigo. Muito bem. Estou no Conselho. Sala da Justiça e do Arrependimento, da condenação ou absolvição!

Escoltado, nem sei por que, dei entrada na sala. O presidente ordenou que me sentasse. O coronel comandante chegou e falou baixo ao ouvido do oficial presidente.

Não deu para ouvir nada. E o tenente, meu advogado? Onde andaria ele?

Filho da mãe! Na casa da noiva ou no bosque da saúde... Lá estaria o folgadão, o pinho ao lado dos braços e a noiva ensinando. "Vamos! Vamos! Se quiser casar, aprenda a tocar..."

Tenente bondoso. Tudo que a noiva quiser... já sabe, ele tem que se sujeitar. Agonia de soldado!...

O tenente nada. Agora sim. Vou ser condenado. Um ano, dois, sei lá! De repente o coronel foi embora e o presidente juntamente com os outros oficiais, membros do Conselho, levantaram-se e ordenaram que eu fizesse o mesmo.

Agora o desertor estava de pé. Tremi. Pensei no xadrez. Um ano, dois... Agonia de soldado!...

O presidente ordenou que contasse minha longa história de soldado da borracha.

Abri o bocão e relatei tudo. Desde o meu tempo em Natal até o motim na hospedaria. Falei durante setenta minutos. Terminei suplicando ao Eterno que iluminasse o entendimento dos nossos para que fizessem justiça na face da terra. Quando terminei de falar, o presidente estava de olhos arregalados e absorto. Um tenente estava chorando e meu advogado, ausente. O presidente leu a sentença:

— Muito bem, Arigó, absolvido pela oração.

Poema inacabado

Em decúbito ventral
Vive o mísero poeta
O seu edema palpebral
Iguala-se ao signo do pateta

É um frustrado na vida
Vive em estado de asfixia
Sem nada. Nem uma querida
Que ajude na profilaxia

Na hemorragia conjuntival
Do intelecto crânio morto
Tem um traumático mortal
Deixa o repente do poeta torto

A minha intoxicação
É sócio-poli-religiosa
Pois condenei uma revolução
Por ser repugnante, mentirosa.

Um padre ladrão

Capítulo 1

Saí com o padre Xispo e o professor Davi. Entramos num bar lá pras bandas do Alecrim, lado da Seis. Davi pediu logo duas cervejas e uma porção de tira-gostos, carne de sol, carne guisada e feijão verde. Quando é para os outros pagarem, Davi pede bastante.

Não deu para tomar o segundo copo da antártica. Quando a cerveja começa amargando na boca, suspendo a bebedeira. Davi pediu mais umas quatro cervejas e alguns conhaques. Quando é para os outros ajudarem a pagar, pede-se muito. Davi é feito nisso. Padre Xispo só bebia cervejas. Davi curvou a cabeça sobre as mãos apoiadas na mesa e dormiu... Dormiu feito uma porca roncando.

Padre Xispo foi ao WC, que fica longe, lá no fim do quintal. Tinha diversos varais e muitas roupas estendidas. Padre Xispo andou vomitando e quis tarar uma empregada, mas ela trancou-se no banheiro. Xispo ficou na vontade.

Visitou os varais e olhou bem as roupas. Abriu a pasta, que era grande. Pasta de professor. Bêbado e simples, vivo e rápido, colocou diversas peças dentro da pasta.

Um mês depois, visitei o dito bar. Calmo e desconfiado, o dono do bar me perguntou:

— Padre Xispo negocia com roupas usadas?

— Que é isso, senhor? Não sei de nada. Xispo é honesto...

— Pois é, dom Gurgel, o Xispo andou furtando calcinhas.

Capítulo II

Encontrei-me com o Xispo no grande ponto.

— Olá, dom Gurgel. Vamos comer um guisado ali no Panela Velha?

— Estou sem dinheiro, padre.

— Eu pago tudo. Fiz um casamento de desquitado.

— Então vamos.

Padre Xispo comeu que só um jumento. Pediu um conhaque e quatro cervejas.

Safado... Bebendo o dinheiro que o povo oferta para obras sociais. Padre Xispo é um lobo.

No final, queria dividir as despesas comigo.

— Foi muito alta a conta. Tomamos quatro conhaques e oito cervejas.

— Se vire. Pague só. Você convidou. Estou liso que só mussu em beira de lagoa no verão.

Chorando, Xispo pagou a conta. Quinze dias depois fui almoçar no Panela Velha.

O caixa me chamou em particular e perguntou:

— Aquele cidadão que o senhor disse chamar-se padre Xispo, ele é pessoa séria, honesta?

— Ponho minha mão no gelo. É honesto, mas muito vivo. Ele é professor em duas universidades.

— Lamentavelmente, dom Gurgel, o senhor vai pagar dezoito talheres que o padre Xispo levou do Panela Velha.

Capítulo III

Senhor Deus! Livrai-me dos inimigos, dos homens maus, dos pecadores cauterizados, do padre Xispo e outros... Professor Davi sabe por que Deus é tão bom, mas não me deixou alcançar uma graça que pedi. Certo, Deus. As graças que pedimos são para acertar na loteria e arranjar um bom casamento. Xiquinha do Zuza enterrou Santo Antônio de cabeça pra baixo mais de um ano e inda hoje está no caritó.

Deus não me alcançou a graça de me livrar dos velhacos e maus pagadores. Deus é a suma bondade. Davi sabe disso. Pagar a quem se deve é uma virtude, um ato comum. Enganar é uma falta. Padre Xispo não pagou a lavadeira, Davi se esqueceu do bar da Ivete. Coisas da vida. Eu também me esqueci de pagar ao homem a prestação do alumínio.

Panela Velha... Inda bem que não pertencemos à Santa Madre Igreja Católica Apostólica Romana. Tenho saudades da Igreja Romana. Todos os pecados eram perdoados. Enganar, beber demais. Eu, um prelado, um líder, um estadista. Padre Xispo, professor, e se dizia ainda poliglota. Entra ali, entra lá, entra acolá, Xispo levou-me ao cabaré das treze. Isso porque, no cabaré das treze, garota com quatorze anos era velha. Fiquei numa mesa tomando água mineral e Xispo entrou no quarto nº 6 com uma tal de "Leite", de doze anos. Prostituição. Um padre ladrão. Velhacos. Corrupção. Igreja em crise. Padre Gurgel passando necessidade. Almoço no Zé Daniel. Comi por três dias. Depois vou comer lá no sargento Sobrinho. Crise. Xispo saiu do quarto e ficou comigo à mesa e "Leite" também.

De repente, Xispo levantou e foi ao WC, que fica lá no fundo do quintal. De lá fugiu pra rua. Fugiu depressa, correndo.

— Será que ele não vai voltar?

— Dom Gurgel, aquilo é um caloteiro.

Infeliz de "Leite". Xispo se esqueceu da mulher.

Igreja do Diabo

Capítulo I

Comprimi o meu coração de velho, que parecia querer romper-se, e resolvi escrever sobre mim, sobre minha igreja, a Ordem Missionária, que fundei inspirado em não sei qual espírito ou alma errante. Escrever?! Um velho de 70 anos que nunca fez 69, caducando, escrever?! Sim, escrever, tornar-se escritor, poeta, sei lá! Qualquer coisa no mundo dos analfabetos, no universo do nada...

Estou com ódio... um ódio feroz misturado com dor. A dor da velhice, do desprezo. Lancei um olhar no universo, pedi inspiração ao Todo-Poderoso, pedi, roguei uma graça a todos os santos, a todos os bons espíritos... Expliquei que a graça era para melhor atender aos pobres favelados, aos pobres filhos de São Vicente de Paulo, aos carentes da rua, aos sem-terra, ao Movimento Terra de Deus. Orei, implorei, passei nove sextas-feiras de joelhos e nada, nada de alcançar a graça.

Lembrei-me depois de recorrer aos grandes santos da Igreja. Levando em conta os milagrosos, recorri a são Francisco, são Cipriano, são Bento, santa Filomena, santa Eduvirgens, são Cosme e Damião... nada de receber a graça. E os pobres passando fome... e eu também. Uma noite um anjo mau, feio e com grandes chifres, me apareceu e falou:

— Você nunca vai alcançar as graças que pede. Você está na igreja do diabo.

Capítulo II

Esforcei-me para reconciliar-me com Deus, o Divino Espírito Santo, Jesus e todos os santos... Pedi muitas vezes a mesma graça. Desejava ardentemente fazer o bem, ajudar os pobres de São Vicente... Expliquei que havia construído um abrigo para idosos e que eu próprio ficaria internado no abrigo com os carentes e velhinhos, alquebrados pelo sofrer...

Fiz novenas, prometi a todos os santos que me ordenaria padre se alcançasse a graça. Mas mesmo sem a graça fui ordenado padre pelas igrejas nacionais, igrejas livres, igrejas brasileiras. Não brinque. Hoje sou sacerdote. Sou bispo no Oliveirinha. Sou missionário ou padre Grilo, como queiram. Fundei a Ordem dos Padres Missionários do Coração de Jesus. Muita coisa para um velho de curso primário apenas. Sim. Vamos lá, continue pedindo, pedindo. Pedi a Deus e a todos os santos e nada de a graça ser alcançada. Ajoelhei-me certa noite das sete da noite às cinco da manhã em cima duns caroços de milho. Furei os joelhos. Nada de alcançar o pedido: uma graça para melhor ajudar os pobres de São Vicente de Paulo. Nada, nada, ninguém do alto me ouvia.

Capítulo III

Em um dia treze de agosto, sexta-feira, orei toda a noite pedindo a mesma graça. Olhos vermelhos, cabeça pesada, sentado a uma velha mesa, em nossa igreja, tive uma visão. Madorna, entre dormindo e acordado, cochilei. E uma visão apareceu-me: um anjo lindo, todo vestido de branco e com um grande par de asas... Joguei os olhos no anjo, mas eu estava com a boca na mesa e mordi sem querer um percevejo. O bicho morreu, e tive que assistir ao velório. Mais de duzentos percevejos rondavam meu bigode, meus cabelos, minha barba. Vomitei. Vomitando, acordei. Acordando, falei com o anjo:

— Por que, meu querido anjo celestial, não alcanço a graça que tanto peço?

— Qual a sua graça? Qual o nome da igreja que o senhor fundou?

Pensei comigo mesmo: agora vou alcançar a graça pedida. E ancho, orgulhoso, respondi:

— Meu nome é Milton Gurgel Praxedes. Fundei a Ordem dos Padres Missionários do Sagrado Coração de Jesus.

E o anjo triste respondeu:

— O senhor pertence à Igreja do Diabo.

Acordei...

Capítulo IV

— Como pode uma igreja pertencer ao diabo? — indaguei ao anjo.

— Eu sou um espírito de luz. Vim com a missão de lhe avisar, prevenir que é tempo de uma melhor conversão. Você não pode viver numa igreja que tem tudo do diabo: apego às coisas terrenas, sacerdotes que bebem, fumam, jogam, devem, são mulherengos, pederastas, afeminados e gananciosos.

— Um momento, senhor anjo, uma coisa é a carne, a vida íntima do indivíduo, outra coisa é o espírito, a alma...

— Certo, mas o nosso coração é templo de Cristo. Não podemos servir ao Diabo e a Deus. Um corpo são, um espírito puro. Você não pode servir a Deus filiado a uma igreja na qual está alojada uma camarilha de bandidos, pederastas, trombadinhas etc. Veja aquele que vai saindo. É um criminoso, obriga a esposa a trabalhos forçados e exige dela dinheiro para comprar cigarros, cachaça, maconha...

— Estou perdido, anjo, o que devo fazer?

— Você pensa que está certo porque usa o nome de Deus, que deixa passar porque é Pai, é bondoso e misericordioso. Mas você está trabalhando na Igreja do Diabo.

Capítulo V

Meu coração me advertiu que estava mergulhado no mundo da confusão. Abanei tristemente a cabeça. Como poderia deixar-me viver no mundo da dúvida, do engano, se sabia o beabá e o catequista em São Bento do Bufete havia tão bem me ensinado o catecismo? Quando criança, minha mãe tudo fez para me ver feliz. Comprou um saco vazio de trigo, mandou costurar uma roupa e fiz primeira comunhão. Foi o dia mais feliz da minha vida... beijado por todos... acariciado pelas meninas do segundo ano primário... senti-me num céu terreno. Rezava o terço, o ofício, e agora, depois de padre, bispo das igrejas nacionais, vem um anjo do céu, a mando de Deus, cautelosamente, dizer que estou errado, que o Diabo tomou conta do lugar de Cristo e fica enganando os brasileiros com essa conversa de igrejas separadas. A nosso ver, não existe separação alguma. Deus é um só. O batismo também é um só e a fé também é única, uma só em Cristo Jesus... Que vontade de ser criança de novo... Voltar para meu sertão, rezar o terço, a ladainha, o ofício de Nossa Senhora naquelas casas no pé da serra, no abrigo dos idosos, na igreja de santa Terezinha de São Bento do Bofete, hoje Janduís... Oh! Anjo... Anjo enviado, que devo fazer para deixar a Igreja do Diabo?

(Nota do editor: aparentemente, este livro nunca foi terminado)

Quando a velhice chegou...

CHANCE

Todos nós temos uma chance na vida. Uns aplicam golpes, outros são veados... Veados de batina, de estrela, divisas, galões, bordados, ministros e talvez presidentes. Uns aplicam, outros suportam. Uns algozes, outros vítimas. Cada um tem sua chance. Sempre fui vítima, nunca soube aplicar. Dom Alba aplicou o golpe de 3 mil cruzeiros... Paguei. Paguei não: a igreja pagou. Oganladra aplicou o golpe da kombi e quase me toma a igreja. Fui vítima dos contos do ferro, da areia, do tijolo, das doações extras, da bondade extra do padre Adon, do conto das prendas, das pinturas etc. Todos têm chance. Uns mais, outros menos, outros mais ainda... Dom Gurgel é, em sua velhice, uma verdadeira vítima, mas mesmo assim é ele o comerciante, o avarento, o ditador, o injusto, o fajuto etc. Como é bom ser tolo. Então chegam os aproveitadores da velhice. Trabalho e propago a fé para os preguiçosos e inaptos. Para tirar comissão e côngruas para lobos de batinas coloridas que são sempre contra nós e contra a igreja. Vermes, amebas fétidas, estagnadas.

A velhice chegou. Senhor, transformai minha velhice numa eterna mocidade. Fazei de mim um padre Hipólito, um beato Salu. Estou velho, usado, mas quero escrever.

Deixa pra lá o dom Alba com os 3 mil cruzeiros da igreja... Tupinambá é novo, mas velho em experiências... Considerou "persona non grata" o ladrão de batina... Lourdes chegou perto de mim lendo bem alto um trecho do livro *Os Mandarins*, de Simone de Beauvoir. Muito intelecto. Minha Lourdes é muito avançada. Lendo livros de grandes gabaritos. Scarlett, Margaret Mitchell, Marsh, nomes altos contrabandeando o infinito. Lourdes, minha esposa, mais uma deusa que mulher, parece. Lourdes continua dando-me chance. Gorda, forte, linda de coração.

Corpo branco e macio. E eu? Eu, perdendo o "T" grande. A velhice chegou. Vou morrer, vou esticar a canela porque o "fila da puta" do Mário Covas não quis pagar o meu barraco desapropriado pela prefeitura...

Lourdes continua lendo: *O Segundo Sexo*. Por que Mário Covas não paga o meu barraco, que a picareta da prefeitura derrubou? Dizem que Fernando Henrique não deixou... Veados! Eu morrendo de fome, precisando do meu dinheiro, e os pestes gastando milhões na campanha. Vão ser prefeitos. Vão subir, e com eles sobem os preços do açúcar, do arroz, do feijão, do leite, do pão etc. Sobe tudo. Etcetera eu não como, mas o resto engoliria se pudesse comprar. A velhice chegou. Lourdes lendo Simone de Beauvoir, a Bíblia, Graciliano Ramos, Padre Barbé, Frei Altamiro, e eu com os cordéis de João Vieira, Gancho, capado no rastro, pavão misterioso e coisa e tal. A velhice chegou... Sou uma besta quadrada de batina... Contos e mais contos. Todos aplicam o golpe do conto "em riba de *moi*". Sou o campeão em receber calotes. Preciso ser condenado a dois mil e oitocentos anos no purgatório. Sou um velho tolo, um pecador sem vergonha, mas sou também filho de Deus. Peço uma chance.

Uma chance para mim. Para todos. Como cristão, peço a Deus perdão para mim, que sou o mais vil dos pecadores. Peço perdão para dom Alba, para o pintor que levou o dinheiro da igreja. Perdão para todos que me enganaram, porque também já enganei muita gente...

O senhor vos abençoe e vos guarde. A Roberto Matias, a Zeca Diabo, a Porcina, as mulheres da boate, a Roque e a todos da novela *Roque Santeiro*. O Senhor faça brilhar para todos eles sua face bondosa! O Senhor vos dê sua paz e coragem para continuar com boas novelas para os jovens e velhos. Que o Altíssimo nos ajude mesmo para termos um mundo mais justo e fraterno.

Abençoe-nos Deus, que é poderoso. Pai, Filho e Espírito Santo! Assim seja. Muito bem. Padre Albano não tem batina e dom Luiz Ferreira Lima de Santo Amaro, com seis. Dom Luiz é gente boa, que ele mande duas batinas para padre Albano. Coitado do Albano, sem vergonha, sem dinheiro, e, sobretudo, sem mulher. Ele precisa de uma chance...

Chegou Lourdes com um livro. Poesias de Cora Coralina. Poetisa de primeira linhagem. Cora Coralina... Como são lindas as poesias de Cora! Fortes e penetrantes. Mas o diabo é que eu estava escrevendo também, e Lourdes chegava lendo Cora, bem alto. Então eu errava tudo. Em vez de "corações", escrevia "colhões"... E Lourdes lendo em voz alta. Eu poderia muito bem pedir: Lourdes, leia mentalmente, só para você. Eu, cheio de medo, de respeito à poetisa Cora, e dona Lourdes continuava. Eu escrevendo e errando. Fui escrever "grilo", escrevi "grelo"... Fui escrever "pedido", esqueci o "d". Poderia pedir: dona Lourdes, preciso de uma chance para escrever. Leia baixinho. Falando de "banda", escrevi "bunda". Sou forçado a dizer que, em vez de escrever "deputado Carvalho", escrevi "deputado Caralho"... Assim não é possível ser escritor aos 68 anos. Tenho certeza de que não vou fazer 69. Dona Lourdes! Preciso escrever, quero uma chance. Quatro da madrugada, dona Lourdes pegou no sono. Sono dos inocentes, da mulher pacífica. "Bem aventurados os pacíficos porque deles é o Reino dos Céus"... "Bem aventurados os mansos e os humildes de coração porque dominarão a terra". Aí já não posso aceitar. Vão dominar a terra e se enchem de orgulho. Ficam soberbos e voltam a ser o que eram. O pecado toma conta de tudo. Ficam com o diabo no couro como dona Lulu na novela... Lulu tão linda, sonsa, e o diabo no couro... Seu Zé das Medalhas tem razão... Lulu atraente, meiga, carinhosa e com Satanás no corpo. Como poderia seu Zé das Medalhas ter relações com Lulu?

Que pensamentos horríveis tenho agora... A velhice chegou. Mas, mesmo assim, tenho vontade de me grudar com as belezas da Porcina, Kátia, Lulu, a amante do diretor da novela e as mulheres da boate. Pensamentos horrorosos, infernais. Senhor! Dai-me uma chance para ser bom, para pecar menos, uma chance, Senhor!

Chegou dona Lourdes com o livro de Cora Coralina, *Vintém de Cobre*. A virgindade é um estado agradável aos olhos de Deus: santa Terezinha, santa Clara, santa Rosa etc. Foi aí que me lembrei de Rosinha, que com doze anos foi descabaçada pelo próprio irmão. Ela precisava de uma chance.

AZAR QUANDO DÁ EM GENTE É PIOR DO QUE EM JUMENTO

Dizem que o religioso é feliz, já vive na porta do céu e sofre pouco. Vocês sabem como viveu, sofreu e morreu Jesus neste mundo. Acho que foi porque andou montado em jumento. Quando criança, andei muito em jegue e gostava de jumenta nova e bonita. Os outros moleques diziam que eu namorava a jumentinha de tio Joaquim das lanchinhas... Acho que sou um sofredor por causa de tudo isso. Os bons jegues desapareceram. A jumentinha, os urubus comeram a coitadinha depois que ela morreu picada de cobra. Tenho saudades da jumentinha. Fiquei magoado com Deus por Ele ter tirado a vida da bichinha, e logo com uma picada de cascavel. Como sou azarento, carrego comigo uma eterna mágoa e poderia dizer, com Augusto dos Anjos:

Transpõe a vida de seu corpo inerme;
E quando esse homem se transforma em verme
É essa mágoa que o acompanha ainda!

Muito azar num homem que veste batina e poderia ser feliz. Sou azarento demais. Azarento, porque desejo ser bom e não posso. Hoje, sexta-feira 13, lembrei-me de conferir os números sorteados na loto. Felicidade, enfim! Eureca! Chegou! 01, 03, 10, 12 e 23. Peguei. Aqui está o papel em que anotei antes de passar para o cartão. Ganhei! Deus seja louvado. Fui correndo buscar o cartão e receber a bolada da Caixa. No bolso da batina preta, nada. Na batina marrom, nada. Na branca, nada. No paletó, nada. Revirei tudo, nada. Perdi o cartão, aposta dos diabos. Azar, sexta-feira 13. Agora chego em casa, liso que só mussu em beira de lago, e minha mulher avisa:

— Esqueci um pouco do fogão que cozinhava o frango. A panela explodiu, nada sobrou. Estamos sem almoço.

Saí em busca do Alecrim para um possível conserto de panela. Esqueci 1500 cruzeiros do ônibus, o cobrador me obrigou a descer, fui a pé: não teve jeito. Joguei fora o panelão de cinco litros, marca Cloque, sei lá. Quando chego em casa, Modli avisa que o ferro queimou a minha única camisa de sair e depois queimou a si mesmo, pifando. O rádio emudeceu e a televisão pifou na hora do *Roque Santeiro*.

No ônibus, uma balzaquiana se desembandeira para mim... Fui passar um lenço na boca e no lugar passei um par de meias, sujo e fedido. A velhice chegou. A mulher desceu. Azar quando dá em gente... Pensei um pouco: falta de oração. Joelhos em terra, rezei o ofício de Nossa Senhora e o breviário. Como complementos, as ladainhas de Nossa Senhora, todos os santos e Sagrado Coração de Jesus. Recordei a jumentinha. Lembrei que em casa nada tinha. Nem um grão de arroz. Tirei o saldo da conta 1903 no valor de 26,322 cruzeiros.

Quando cheguei em casa, a voz de Marilândia:

— Dom Gurgel! Chegaram as contas de água, de luz.

Prazo até amanhã para pagar. Quanto? 198,986 cruzeiros as duas. A prestação do BNH subiu. Pra quanto? De 198 cruzeiros para 996,869!!! Azar dos diabos. Sexta-feira, 13. Azar dos 999 capetas. Estou morto!

— Não diga isto, pai, o senhor é religioso...

— Minha filha Marilândia, reze por mim.

Lembrei-me da jumenta, tomei sete melhorais e dormi sete horas. Quando acordei, Mupamixades disse:

— O pessoal passou por aqui e deixou uma multa da construção irregular da capela...

De quanto a multa? 770 cruzeiros... Azar quando dá em gente é pior que em jumento. Tanta oração, tanto jejum, tanto sacrifício... E o azar no meu tuntum... Dona Maria do Buraco Grande mandou que celebrasse uma missa pela alma de Virgulino Ferreira, dizendo que me gratificaria com vinte mangos. Opa! Já dá uma feirinha e dois maços de velas para as almas que penam. Fui vestir a batina para celebração. O neto Misael tinha queimado tudo que estava dentro do guarda-roupa. Netinho da peste! Azar de reverendo. Lourdes achou que era falta de castidade. Combinamos de dormir separados. Ela na cama e o bestão na rede da sala da frente. A corda quebrou, dormi no chão. Azar dos diabos! Fui celebrar na fazenda velha do irmão Galdino, escanchado no jerico do Hortêncio. Viagem azarenta! Treze de agosto às 13 horas. Fui fazer um peditório para a sopa das quarenta criancinhas da escola, e o primeiro ser (não sei bem se humano) a quem pedi ajuda era um delegado crente chamado Custódio, que assim me atende:

— O senhor está preso!

Vamos às 7 horas ser arguidos na 7ª pelo escrivão Sétimo Treze:

— Hoje, padre, é o pior dia que tem para peditório.

Custódio estava com a razão. Treze de agosto, sexta-feira, sete horas, e completava a sétima vez que eu ficava preso, por estar pedindo a sopa das crianças... Dom Gurgel estava preso na delegacia e dr. Custódio, crente, orgulhava-se. Lembrei-me da jumentinha. Um urubu fez cocô no meu solidéu e um gato magro e tísico, sarnento, asmático, cagou dentro das minhas botas. Padre azarento!

Tomei um ônibus com destino a Santo Amaro. Ao meu lado, uma linda loura de Roma, que falava italiano corretamente.

— O senhor é italiano, padre?

— Não, sou papa-jerimum de Natal, Rio Grande do Norte.

— Sim, como é linda a sua barba, non? Sua idade, padre? Como é lindo você, non?

— Tenho 66 anos bem contados.

— Novo ainda e bonito, só gosto de pessoas idosas. Esses moços de hoje não são de nada.

— Sim, gosta de coroa? Vai até Santo Amaro comigo?

— Non, vou ficar aqui, sou amante do monsenhor Glicério. Chau! Chau mesmo!

Isto é um azar. Um loira tão linda. Cheguei a Santo Amaro, não me deram o dinheiro que ia receber. Fui ajudar uma doente a descer do ônibus, fiquei cheio de batom. Quando cheguei em casa, quase apanhei da mulher...

Panela vazia... Dezesseis filhos, nem um grão de arroz em casa. Maridinágema falou:

— Pai, o homem do casamento deixou 100 cruzeiros. Estão no bolso da batina marrom.

Corri, Marcolândio tinha precisado. Fiquei roendo as unhas. Nem um centavo. Moleza! Azar quando dá em gente é pior do que em jumento!

Agonia de um Padre Casado

1ª NOTA

Mais um livrinho de Zé da Olaria. Em sua madorna, Zé da Olaria relata um pouco do desprezo do sistema. Fala da carestia de vida. Morrendo, ele pede que aceitem a vida como ela é. Aceita a mãe-terra para conforto na sua madorna.

- Prof. Davi F. da Silva

2ª NOTA

Milton Gurgel Praxedes não tem curso superior. É curioso escrever como ele escreve. Sem observar regras gramaticais, vai muito adiante. Ordenado sacerdote pelas igrejas nacionais, sente dificuldades para manter sua numerosa prole. Refugia-se em Janduís, sua cidade natal, ali curte sua derradeira hora pedindo terra, terra e terra.

- Henrique Cardoso

Capítulo 1
SEI NÃO

Fiz minha oração da noite e fui dormir. Dormir, não. Pobre não dorme, cochila. Fiquei naquela madorna. Nem acordado, nem dormindo.

Precisamos ter coragem para viver! Viver, não. Vegetar. Viver de que jeito? Um Brasil enorme, gigante, adormecido, devendo, e o que é pior, dormindo em berço esplêndido. A palavra vem do cérebro, do pensar. Forças vibratórias. As forças são contínuas. O ser humano firma-se muito no presente. Esquece o futuro. Esquece também de Deus.

Nunca se lembra do espírito... e quando a cabeça não pensa o corpo padece. É o nosso caso. Estava dormindo. Minto. Queria dormir. Acordei às três da madrugada. Fiz café. Tomei muito café com angu e farinha de mandioca. Comi batata-doce e senti cheiro de carne assada e queijo de manteiga do Seridó, da Fazenda Samanaú, do compadre Zé Rufino. O cheiro de requeijão e o de carne assada vinham da casa do vizinho... Pobre não dorme, cochila. Madorna. A mulher me chamou alto. Teve que sacudir-me, bater na face. Face, não, cara. Pobre não tem face nem rosto. Não estava dormindo. Tinha tomado um gole de Caranguejo. Nem dormia, nem cochilava. Madorna. Cachaça. O homem, este ser desconhecido...

O ser humano. Os filhos. O custo de vida. Madorna. Insônia infernal. Sono, dores agudas no mucumbu. Dores, prazeres, coisas que não podem ser transferidas. Eu, um inútil. Não trabalhava nem dormia. Nem para dormir servia. Fabricava tijolos em São Paulo. Mas não vendia. Não vendia por causa do truste esganador, ambicioso, explorador. Como poderia vender tijolo de barro? Um tijolo safado, cru, barro de péssima qualidade, misturado com lama e cocô de jegue, de vaca.

A mulher gritou de novo:

— Tem aí fora um senhor, num carro do ano, Passat, último modelo. Diz chamar-se Walter Amorim.

Madorna forte. Caranguejo. Pinga. Cachaça no duro. Tinha pedido ao Gurgel de Maroca que só me servisse uma dose. Já ia tomando seis.

Terrível, essa cachaça. Madorna. Walter Amorim. Carro do ano. Passat. Quem seria Walter Amorim? O guarda do Conjunto Satélite? Não. No dia do pagamento, o dorminhoco tinha me levado 1600 cruzeiros. Quem diabo seria Walter Amorim? A mulher gritou de novo.

– Levanta!

— Já vou.

Virei pro outro lado. Madorna. Novo grito.

— Levanta! Você é padre. Vá falar com o homem. Talvez seja um batizado, uma crisma, um casamento. Levanta, homem.

— Já vou.

Fui levantando. Caí. Gurgel não devia ter me deixado beber seis doses de Caranguejo e oito cervejas... Juju, meu irmão, também tem culpa. Já velho, foi crente, com mais de cinquenta metros e bebendo comigo. Família Gurgel... Madorna.

— Já vou. Diga a seu Walter que estou no banheiro.

Caí de novo. Quem me levantaria? Alguém me empurrou. Estou no banheiro. Caí outra vez, e o que é pior, em cima de fezes. Quem teria cagado no banheiro? Fedor, madorna. Pelado, abri a porta do banheiro. A empregada chegou na hora exata.

— Virgem Maria.

— Entre aqui.

A coitadinha entrou, mas não fechou a porta.

— Faça aqui uma limpeza.

E a porta aberta. Eu nu. O banheiro escuro. Madorna. Minha mulher chegou mesmo na hora.

Saiu escandalizada, mas gritando:

— Walter Amorim está esperando lá fora...

E eu dentro do banheiro mais a empregada. Pode ser uma coisa dessa? Walter Amorim que espere! Quem seria Walter Amorim?

Seis doses. Oito cervejas e cinco conhaques. Tomei banho, ou melhor, a empregada me banhou. Madorna. Caranguejo. Conhaque. Mandei Walter Amorim esperar mais um pouquinho... Madorna. A porta aberta, eu nu, banheiro escuro.

A empregada saiu do banheiro. Dona Lurdes, minha mulher, terminou de me limpar. No outro dia deu as contas à empregada. Foi bom. A coitada viajou para o interior, estava buchuda. Empregada é sempre assim. E Walter?

— Já vou.

Madorna. Cachaça, roupa trocada, cabelos penteados, saí para o Walter Amorim. Sala para o sr. Walter Amorim. A mulher ficou no banheiro. A empregada também. Madorna. O banho.

O banheiro. Cheguei à sala.

— Pronto, seu Walter Amorim. José da Olaria, seu criado.

— Walter Amorim. Vendedor de livros. Prazer em conhecê-lo. Folgo muito em vê-lo. Sou distribuidor de livros em todo o Nordeste brasileiro.

— Já tinham me falado da sua pessoa. Uma moça do Alecrim.

— Falou bem ou...

— Disse-me que tomasse cuidado com você. Comprou uns livros. Pagou e você ainda não entregou. Uma coleção.

— Explico, seu...

— José da Olaria. Esqueceu? Fabricava tijolos em Suzano, São Paulo. Basta tratar de "irmão". Irmão. Somos todos filhos do mesmo Deus.

— Sim, morou em São Paulo. E agora tem outra profissão?

— Sou reformado, ganho mais ou menos, e a Igreja ajuda-me um pouco.

— Não vive só da igreja? Tem "bicos". Ganha por fora...

— Verdade... Precisamos trabalhar, e muito, seu Walter. Tudo caro.

— E esta capelinha, aqui, ao lado do nº 7992?

— Sim, pergunta muito bem. Hoje sou ministro religioso. Sou um dos militantes, fraco, mas sou. Pertenço à Igreja Cristã Ecumênica do Brasil e sou fundador da Ordem dos Padres Missionários do Sagrado Coração de Jesus. Sou seu irmão, catolicamente falando.

— Isso, sim, é bom. Já sei. Padre casado, não é?

— Com a graça de Deus. Perfeitamente. Certo ou errado?

— Tenho um irmão que é padre e hoje está numa igreja em São Paulo. É conhecido pelo nome de padre Rocha no mundo religioso.

— Conheço muito. Que coincidência. Pertenceu à nossa igreja.

— Irmão, mudando de assunto... Sou vendedor de livros. O caso dessa moça do Alecrim foi o seguinte...

— A coleção não foi entregue. Diz a mesma que deu um sinal e até...

— Sim, irmão, tenho várias coleções boas. Muitos livros, brindes, discos. Comprando setenta, ganha duzentos. Sou o maior promotor de coisas boas.

— Como assim? Bom. Tenho dezesseis filhos estudantes. Ofertão. Quero. Compro.

— Veja bem, sr. Zé da Olaria. Coleções em ofertão: Graciliano Ramos, *Tesouro da Juventude*, *Barsa*, DDD-I, dicionários diversos atualizados etc. No mundo cristão: *Como Ser um Bom Sacerdote*, *Os Padres Estão se Casando*,

Bíblias, *Memórias do Padre Germano*, os livros do padre Eimard, do Caicó, tudo de d. Helder. Teologia da Libertação. *A carne. Palavras Cínicas.*

— Tudo certo, sr. Walter Amorim. Como podemos comprar? À vista ou a longo prazo?

— De todo jeito. Quando receber a mercadoria, paga a primeira prestação, depois quatro. Sistema simples e econômico: uma mais quatro.

— Foi assim que a moça do Alecrim comprou?

— Não, irmão, mulher é mulher, depois explico. Com mulher, assuntos íntimos.

— Vou comprar *Como Ser um Bom Sacerdote*.

Nunca ouvi falar nesta coleção.

— Está em falta. Não chegou dos Estados Unidos. Não temos tudo da lista. Faltam livros didáticos para estudos diversos.

— Qual a coleção que você tem para me vender, para pronta entrega?

— Graciliano Ramos. Boa, tenho vendido bastante para estudantes universitários de todas as áreas...

— Modalidade de pagamento. Tenho pouco dinheiro. Família numerosa.

— Vou fazer o que a firma não deixa fazer pra ninguém. O senhor leu, já, Graciliano Ramos? Custa pouco e facilito mesmo por minha conta. Custa 140 cruzeiros. Todos os livros. Gostosa e formidável a leitura.

— Nunca li Graciliano. Gosto de livros de orações, cordel, romance. Já li os livros do padre R. S. Tangannelli, monsenhor Vitório, dom Delgado, alguns de Câmara Cascudo e já li também *Vingança Não*, sobre Xico Pereira... O senhor já leu, seu Walter? São livros nossos. Livros não, livretos: *Estória de uma barraca. Observações de um Guarda Noturno, Últimos dias de d. Gurgel, Recordações de um soldado.*

— Não, sr. Zé da Olaria. Não leio nada. Não tenho tempo de ler. Só vendo.

— Como assim? Você vai ler meu livro, *Últimos dias de d. Gurgel*. Custa só um cruzado. Tem o nome de Zé da Olaria, mas quem escreveu foi dom Gurgel.

— Irmão, vamos ao assunto. Compro o seu livrinho. Toma lá os mil.

— Agora diga, como você vai facilitar o Graciliano Ramos?

— Já lhe disse. O total é 140 cruzeiros. Você paga 40 cruzeiros no ato. Tenho para entregar amanhã.

Walter preparou quatro promissórias de 25 cruzeiros.

— Assine, irmão, assine as quatro de 25.

— Assino nada. Só quando você entregar os livros.

— Então, arranje-me os quarenta de entrada.

— Assim não vai, irmão, só quando você trouxer os livros. Certo?

— Então arranje-me dez cruzeiros para a gasolina.

Brinquei. Walter sorriu, olhando para minha filha Marilândia, que chegou à sala.

Estudei o homem. Sabidão. Estradeiro, vigarista, conquistador, trapaceiro, velhaco etc.

— Os dez, irmão, para a gasolina. Gasolina está caríssima, e o governo ...

— O que é gasolina? É algum bicho americano?

Brinquei outra vez com Walter Amorim. Meu coração dizia que ele era vigarista, ladrão, trapaceiro. Walter queria isso mesmo. Brincadeira, amabilidade, sorriso, café, guarida, sombra e água gelada, depois do doce. A peste já ia tomando o terceiro café e eu pensando nos livros. Graciliano Ramos.

— Toma lá os dez cruzeiros e amanhã esteja aqui, às dez horas, para receber os quarenta menos dez.

Walter recebeu os dez cruzeiros, despediu-se rápido, entrou no Passat e deu no pé...

Será que ele vai voltar amanhã? Amanhã é sábado, dia de feira no Alecrim. Os livros, a moça, a coleção que não foi entregue.

Minha mulher chegou.

— Hem, Lourdes, será que ele vem entregar os livros?

Lourdes sabe que sou um sofredor de nascença... Lourdes pensou. Viu os dez cruzeiros saírem do meu bolso e disse:

— Sei não.

Capítulo 2
WALTER AMORIM

No outro dia, às dez horas, Walter chegou com os livros.

— Tão cedo assim, seu Walter? Julguei que o senhor chegaria mais tarde.

— Homem tem que ser homem. Quarenta de entrada e quatro de vinte e cinco.

Walter recebeu os quarenta menos dez. Recebi os livros, assinei as promissórias. Walter, sorrindo, despediu-se de todos de casa. Apertou minha mão e entrou no Passat. Foi-se, rápido como uma bala.

Moça mentirosa, aquela do Alecrim. Homem de negócio, um grande vendedor de livros, nosso Walter Amorim.

— Precisando, já sabe. Zé da Olaria, Rua das Gaivotas, 7992, Cidade Satélite.

Desapareceu o Walter Amorim.

A prestação da casa subiu, o dólar também. E o Walter?

Decorridos dois dias da transa dos livros, súbito, aparece-me o sr. Walter Amorim.

— Seu José da Olaria está? Preciso muito falar com o mesmo.

— Entre, sr. Walter, como estão as coisas, está desconhecendo-me?

— Estou com a vista turva. Preciso muito de sua valorosa e costumeira atenção.

— Não sendo dinheiro e nem sendo para hoje, pode falar.

— Estou sem um pingo de gasolina, seu José da Olaria. Vamos lá. Tenho quatro promissórias do irmão, de 25 cruzeiros cada uma. Certo?

— Sim, justo. E daí? Que ordena?

— Daí que vou negociar as promissórias com o nobre irmão, preciso viajar. Sem gasolina, já viu, ficarei no meio da estrada, tenho que ir pela estrada Belém-Brasília até Belém do Pará. Vou partir. Tenho autorização da firma para negociar as promissórias com o irmão. Negócio bom.

— Como assim? Diga.

— São quatro de 25. O irmão vai me pagar hoje com cinquenta por cento de descontos.

— Não estou em condições. Estive no hospital. Minha panela de pressão explodiu. A prestação da casa aumentou muito. Não tenho condições. Infelizmente, não posso. Hoje, não.

— Seu José da Olaria, veja bem. A firma é rica, é boa. Resolvo diferente. Dos cinquenta, você vai pagar só trinta. Negócio da china. Ganha setenta. Transa da boa. Direta, já. Antes que me arrependa. Vamos lá. Direta, já.

— Assim é bom. Topo. Feito. Direta, já.

Mandei dona Lourdes, minha esposa, tomar trinta emprestados ao vizinho e passei o "carvão" para o nosso amigo Walter Amorim. Vitória. Transa direta, já. Ganhei 70 cruzeiros. Paguei cem com trinta. Walter é amigo.

Fiquei sem dinheiro e devendo trinta ao vizinho. Ganhei setenta.

O vizinho reclamou. Padre casado sem dinheiro... Devendo...

Agonia de um padre casado...

Walter Amorim, um grande amigo. Saiu rápido do seu luxuoso Passat, depois de embolsar os trinta. Quando Walter desapareceu na esquina, a mulher perguntou:

— E as promissórias?

— Esqueci de pedir.

Cabeça fraca. Memória desaparecendo. Agonia de um padre casado. Amanhã ele voltará. Meu São Cipriano. Quatro promissórias de 25 cruzeiros. A mulher só se lembrou depois que o vigarista desapareceu. O Walter voltará.

Cinco dias depois, o nosso vendedor apareceu.

— As promissórias, seu Walter. Esqueci de pedir. O senhor também...

— Irmão, tenho outra transa boa para você. Sei que tudo resume no ganhar bem, muito e fácil. Você gosta de ganhar. Dinheiro ganha dinheiro. Vejamos: Tenho uma Bíblia, um dicionário inglês-português, discos, atlas, compêndios diversos, *Dificuldades do Idioma*, *A Mulher Maravilha*, *No Reino dos Exus* e *Coragem para Viver*. Tudo isso por 60 cruzeiros à vista.

— É uma moleza. Não posso. Vontade tenho. A coisa está feia, seu Walter. A prestação da casa subiu de novo e mais: bujão de gás foi de 5,60 para 8,50. Subiu água, luz e cartas no correio. Desgraçados! Para que subir tanto? Agonia de um padre casado.

— Seu José da Olaria, pelo amor de Deus. É de graça. Faço ainda melhor, de sessenta por trinta. Pronto. Certo?

— Concordo.

Contei todo dinheiro existente no lar: 23 cruzeiros.

— Vou fazer pelos 23. Passa o dinheiro.

— Toma lá. Eu gosto de comprar livros.

Walter embolsou os 23 cruzeiros e, como da outra vez, saiu rápido.

Fui conferir a Bíblia. Era falsa. Capítulos desencontrados, salmos com números trocados e com falta de livros. Não encontrei Macabeus I e nem II. Achei Lot engravidando as duas filhas, mas não tinha Lamentações nem Judith ludibriando um rei. Faltavam também, dentro da caixa, *A Mulher Maravilha* e *O Reino dos Exus*. Walter, um bom ladrão, enganando José da Olaria, o bom irmão. A mulher perguntou:

— E as promissórias?

Diabos! Tornei a esquecer...

Decorridos uns noventa dias, apareceu-me uma mulher, lá das bandas do Carrasco, bairro pobre e populoso.

— Seu José da Olaria está?

— Eu, minha senhora, pode falar. Entre, sente-se. Diga.

— Venho receber estas promissórias. Walter deixou comigo e levou-me 80 cruzeiros. Viajou para o Sul. Fiquei com um filho dele na barriga. Estou de três meses. Vai chamar-se Walter Amorim Filho.

Capítulo 3
INFERNO

Quatro da madrugada. Sem sono. Devendo. A moça do Carrasco com um filho na barriga, sem receber as promissórias. Nem as minhas, nem as outras. Promissórias diversas. Outras promissórias. Umas vencidas, outras a vencer. Walter Amorim no Sul do país. Bandido. Trambiqueiro. Enganando o irmão Zé da Olaria. Deflorou a moça, filha duma viúva. A viúva com oito filhos menores. A mais velha com dezessete anos e já com um bebê na barriga. Bem feito! Estas moças de hoje deitam corpo pra todo mundo. Walter Amorim prometeu mil coisas para a moça do Carrasco... e agora? Sumiu.

A Bíblia tinha o retrato do papa, mas era falsa. Incompleta. No capítulo 1 de Timóteo dizia que o padre não pode ser casado, mas, querendo, arranja mulher escondida. Tibe! Desconjuro! Bíblia falsa. Acho que é dos crentes...

Números dos salmos, trocados. Tradução cheia de barbaridades. Meu coração machucado. Tudo sem pé, sem cabeça. Queria ler, queria compreender, mas não conseguia. Quem traduziu omitiu letras, versículos e até capítulos. Acabou com a Bíblia Sagrada. Tradutor safado. Nem eu, Zé da Olaria, cometeria tantas barbaridades. Agonia de um padre casado. Vocês vão perdoando os nossos erros. Aberrações tremendas. Escrevo porque gosto. Mesmo não tendo sono. Escrevo para ir passando, e o tempo fica aí.

O padre Rocha proíbe o povo de comparecer ao nosso templo, alegando que a igreja é amaldiçoada. Padre casado... Interessante. O padre Rocha nem liga para a vida. É amigado com a mulher do investigador e ainda não teve tempo de casar, mas tem de falar do seu irmão, Zé da Olaria. Diz na hora do sermão que sou um coitado. Procura convencer o povo que não sou filho de Januís.

— Lembro-me dele em Natal, era condutor de bonde. Foi soldado raso do 29º BC. Condutor de queijo na companhia de metralhadoras. Condutor de bonde. Cabecinha. Faz favor, duzentos réis a passagem. Cobrador de bonde não pode ser padre, quanto mais bispo. — O reverendo Rocha acaba comigo. — Já li algo sobre o assunto. Nasceu lá quando o lugar se chamava São Bento do Bofete. O povo lá brigava muito no final das feiras. Cachaça no bucho e bofete na cara. Padre casado. Devendo os cabelos da cabeça...

O reverendo Rocha acabando comigo. Walter Amorim, engabelando-me. Walter era amigo do Rocha. Combinavam. Enganavam-me. Vida dos diabos. Tibe! Bíblia falsa. Faltavam os livros Apócrifos. Que vem a ser livros Apócrifos? Não sei. O reverendo Rocha sabe, Walter também. Tradução errada. Numa página, a palavra pedido estava sem o "d". Walter Amorim, distribuidor de livros. Rocha, um representante do diabo, e não de Cristo.

Estou morto de sono. Madorna. Bebi um pouco. Um pouco não, muito. Virgem Maria! Sargento Sobrinho toma umas talagadas e me faz tomar também. A esposa do Sobrinho é filha de Tessinha, minha irmã, é legionária da Santa Madre Igreja Romana, mas frequenta nossa comunidade também. Tessinha pede muito por nós. Na família Gurgel, Regis-Gurgel, Prexedes-Gurgel Vieira etc e tal, todos bebem um pouquinho. Itamar, Juju, Dada, Tadeu, Gurgel de Maroca, Marzinho, Zé Daniel, eu, todos bebem um traguinho. Regis-Mário, os Pinheiros bebem também. Hermes Severino, reformado da Marinha, come com farinha. Bebem Caranguejo, Pitu, Olho d'água, Três Fazendas, Cavalinho e outros animais.

Bebem demais. Também eu bebi um golinho... um golinho, não.

Tomei oito golinhos por causa de Gurgel de Maroca... ô homem pra beber. Tomei oito doses. Foi por causa disso que Walter Amorim me vendeu a Bíblia falsa. Família Gurgel Praxedes. O irmão Zé da Olaria tinha bebido uns golinhos. Padre casado. Família numerosa. Dezesseis filhos... Walter Amorim, um aproveitador. Crápula. Canalha elevado ao quadrado. Pensando bem, ele não tem culpa. Padre bebendo. Padre casado. Se não tivesse bebido, não teria caído no conto da Bíblia falsa... Walter Amorim pode ser perdoado. Por mim, já foi. A Bíblia, capítulo 3, versículo 3 de Timóteo diz: "Não dado ao vinho"... Certo. Fui castigado. Lembro-me que não tomei só vinho. Gurgel de Maroca misturou muita coisa, eu emburaquei... Lapo.

Comprei a Bíblia falsa. Gozado. Gurgel tomou umas cinco garrafas de Caranguejo e não teve nem dor de cabeça, e eu com umas doses fiquei pregando sermão a esmo no bar e comprando Bíblia falsa. Pouca sorte.

Desconjuros! Walter Amorim, Plinio da Silva, Padre Rocha. Tibe! Vocês vão para o inferno...

Capítulo 4
O PEDREIRO JOSÉ GOMES

— Bom dia, seu padre. Ouvi dizer que o senhor tem serviço por aí?

— Bom dia, irmão, como vai? Seu nome, por favor?

— José Gomes. Pedreiro. Mestre de Obras, natalense, pintor, frentista, azulejista, calculista... Reformado da PM.

— Chega, irmão. Reformado por tempo de serviço ou...

— Doenças mentais. Nervos. Dei um tiro num sargento, outro num capitão e dois em eu *mermo*. Reformado da PM, repetindo.

— E os dois na sua pessoa, onde atingiram?

— Um no dedo do pé e o segundo na unha do dedo indicador da mão esquerda. O tiroteio foi numa Sexta-feira Santa, nona hora e cinco minutos, treze segundos, num velho relógio ainda do tempo de d. Pedro. Esse relógio d. Pedro havia recebido do Profeta e Sacerdote Semeão. Só me lembro disso e não me pergunte mais nada.

— Está claro que você é meio doido.

— Na farda é assim mesmo. Os militares embromam, ficam enfurecidos, presos, brigam com superiores, vão nas igrejas, terminam vendo almas, espíritos do além, tomam choques e acabam reformados como loucos. Foi o meu caso. Julgo-me bom e ganho muito como mestre de obras.

Diz o José Gomes que está bom e ganha muito dinheiro, trabalhando em casa de coronéis, capitães e até de marechais. Mas acho que José Gomes é mentiroso. Falou que era católico praticante, ministro da Eucaristia e auxiliar direto do padre Jeremias da Paróquia de Águas Brancas... José Gomes um bom cristão, mas pobre com muitos filhos e moças bonitas.

— Então, seu José, o senhor é católico praticante? Militante?

— Não, senhor. Sou católico sem praticar e nada de militante, de militar não entendo mais nada. Só quero o dinheiro. Sou católico meio a meio. Uma parte romana, outra bem brasileira, do padrim padre Ciço.

— O senhor então não é católico romano?

— Não, senhor. Sou aqui mesmo do Rio Grande do Norte. Sou do PDS, mas votei no PTB com Aluízio no PMDB. Gosto dos Maia, mas se Brizola se candidatar, pelas Diretas Já, votarei no Lula ou CE...

— Quem diabo é CE, seu Gomes? Explique-se.

— Padre, o senhor não sabe quem é CE? É o cavaleiro da esperança.

Não entendo nada disso. Nem quero entender. Gomes é doido mesmo. Essa história de Cavaleiro da Esperança só cabe nas caixolas dos doidos.

José Gomes é doido e mentiroso. Mas é trabalhador, é vivo. Gomes é conversador e entrão. Cuidado com o pedreiro José Gomes.

— Você, Gomes, gosta de trabalhar na diária ou de empreiteiro?

— Trabalho de todo jeito e digo sempre: Jesus Cristo é a verdade, nunca teve medo de trovão.

— Certo, seu Gomes, o homem vive às custas de seu trabalho.

— Eu sou o contrário, vivo às custas dos outros.

— Como assim? Explique. Diga lá.

— Minha mulher trabalha. Meus filhos trabalham, meu genro trabalha.

— O senhor trabalha, padre, como é mesmo seu nome?

— Meu nome é Dom Gurgel, Zé da Olaria ou simplesmente "irmão". Pode chamar de irmão. Somos filhos do mesmo Deus.

— E da mesma mãe. Nossa Senhora, mãe de Jesus.

— Certo, seu Gomes, gostei do senhor. O irmão é mesmo pedreiro? Pedreiro no duro?

— Seu padre, sou católico, potiguar, bem brasileiro. Ecumênico, no duro.

— Já entendi tudo, seu Gomes, o senhor é bom pedreiro, bom mestre.

— Sou mestre de grandes obras. Prédios de 15, 18, 28 e 29 andares, até mais. Sou aposentado como louco. Foi um arranjo. Tenho sonhado com o sargento e com o capitão... O caso dos tiros, já lhe contei. Sonhei comigo mesmo. Mundo do meu Deus! Os tiros, a cadeia, o inquérito, o encarregado do IPM, a prisão, o hospital, meu namoro com a irmã enfermeira, aposentadoria, os filhos da lavadeira. A fome do povo. As dívidas externas.

— Pedreiro José Gomes, o senhor quer trabalhar mesmo?

— Quero. Sou também funileiro, pintor, eletricista, feirante, encanador, tecelão, contador, padeiro etc. e tal.

— Pedreiro José Gomes. A empreitada é esta aqui nos fundos do muro da casa: dois cômodos de cinco por cinco e uma pequena área de três por três, sem luxo e acabamento simples. Quero inclinação, bastante declive. Não quero ver água dentro de casa. Sr. pedreiro José Gomes, quanto quer para fazer o serviço todo?

— Como é mesmo o serviço todo? Vamos repetir, quero fazer o melhor serviço do mundo...

Os tiros, o sargento, o inquérito, o tenente, a prisão, a fome.

— Vamos lá, seu José Gomes: dois quartos, uma área, o piso, acabamento geral. Quanto vai custar a mão de obra?

— Pode deixar, irmão, no final nós acerta tudo. O senhor vai me dando...

— Não, senhor. Quero saber do preço da mão de obra. Gosto de combinar tudo direitinho.

— Qual é mesmo o serviço lá dos fundos? Quero ver o serviço. Pode me mostrar?

Pela terceira vez fui mostrar o serviço ao pedreiro José Gomes. O mestre de obra não possuía nem metro, nem colher de pedreiro muito menos prumo. Tinha curso tirado por correspondência numa construtora americana que diplomava todo mundo na base de um pagamento mensal de dez dólares por ano. Revista Time, 15 set. 41.

— Irmão Zé da Olaria, o senhor é padre mesmo, no duro? Onde fica sua madre igreja, quanto custam um casamento, dois batizados, cinco crismas?

— Calma, Gomes, vamos mais devagar. Pergunte.

— Desquitados, divorciados, amigados casam também na sua igreja?

— Casa todo mundo, Gomes. Quem manda é a fé, o amor. Agora vamos ao nosso serviço, precisamos trabalhar. Quanto vai ser a mão de obra?

— Reverendo irmão Gurgel, qual a metragem da construção? É lá nos fundos mesmo, ou é mais pra lá do que pra cá? Mais pra lá um pouco...

Desejava explodir; mas, com doido e santo, devagar com o andor. Gomes arranjou um cabo de vassoura e foi medir pela quinta vez o terreno.

Dois cômodos e uma pequena área de serviço. Pelo amor de todos os santos. Gomes, o homem dos cinco instrumentos. Cinco especialidades.

Oito horas de papo para me dizer quanto custava a mão de obra. Com o cabo da vassoura, Gomes mediu pra lá, mediu pra cá. Mediu de frente, de lado e virou-se para mim bem alegre. Agora ia dizer o preço da mão de obra. Fitando-me, perguntou:

— O irmão celebra missa em latim, de costas ou de frente? Qual a hora de sua missa? Dia, hora e endereço. Diga lá. Vamos. Responda.

— Todos os domingos às quatro horas da tarde, aqui mesmo na capelinha. Celebro para as almas do purgatório e todos os fiéis. Celebro também para os bons espíritos. Você sabia, Gomes, que os nossos irmãos, lá do outro plano, tomam parte em nossa vida, assistindo às nossas missas?

— Sim. Entendo, irmão Gurgel, eu sou um espírito. Estou aqui na terra cumprindo uma expiação. Aqui, estamos de passagem. Na outra encarnação, fui general, numa outra, fui senador, ministro, coronel da Guarda Nacional e controlador de salários. Criava leis absurdas contra o povo. Mandava torturar, subia o custo de vida. Prostituía as donzelas, mandava matá-las. Tinha 48 pistoleiros. Operário reclamou, era finado, mandava enterrar detrás da parede do açude. Tomava as terras dos coitados. Tomava a esposa dos moradores. Não deixava os mesmos criar uma vaca, alegando que precisava de pastos. Os coitados ficavam sem leite para os meninos. Não permitia sequer criar uma cabrinha. Eu era um sultão, um monstro, um ditador. Nunca congelei uma caixa de fósforo, só fazia aumentar. Fazer os pobres passar fome era meu divertimento.

— O senhor, seu José Gomes, era comunista?

— Comunista? Se eu fosse comunista, teria sido um santo, embelezaria os jardins das cidades, congelaria os preços, daria vida bem baratíssima para o povo e fazia uma bela reforma agrária. Não faltaria alimento. O comunista tem alma, Dom Gurgel, tem coração, tem amor ao próximo, ao trabalho. Fui um monstro na outra vida. Mandei matar 39 pedreiros que queriam aumento de salário. Eis por que sou pedreiro hoje. Sou louco, sou faminto, sou mestre de obras. Sofro muito. Levo uma vida dos diabos.

— ... Mas, Gomes, segundo esta doutrina, ninguém vai viver em paz, nunca. Numa encarnação, vem violento, tirano, torturador e prepotente. Na outra, já vem o contrário. Por exemplo: nesta encarnação, você vem como um depravado, marginal, bandido, engana Zé da Olaria, deflora virgens, pega um coitado de um menor no mar de lama; este menor é "veado". Você torna-se amante e protetor do rapaz. Você serviu-se do veadinho 333 vezes, como vai ser na outra encarnação? Pergunto melhor, desta vez que você se tornou amante do menino e morreu, como vai ser? Diga lá quanto custa a mão de obra do trabalho lá nos fundos. Não quero padecer na outra encarnação. Preciso lhe pagar logo. Diga logo quanto custou.

— Pra você, irmão Gurgel, trabalho até de graça. O senhor tem igreja. Preciso batizar e crismar uns favelados. Tem um par de meninos da favela. Vou trabalhar de graça para a igreja. Logo mais vou trazer uma porção de crianças para o senhor sacramentar todos de graça. Sim, o caso do menor veado que nós comentávamos...

— Sim, irmão José Gomes, você utilizou o menino que tinha feições femininas, "bonita" demais, 333 vezes e agora, nesta encarnação?

— Eu teria que ser enrabado 7 mil vezes para expiar o erro, o pecado. Pagamos tudo com 7 mil vezes mais.

— Isso é um absurdo, seu pedreiro José Gomes, você seria enrabado 333 vezes 7 mil... Um absurdo. Você acabaria ficando sem traseiro.

— A lei é dura, mas é lei. As leis terrenas são terríveis. Por que os nossos homens poderosos deixam isso acontecer? Horrível o poder, o tirano, o sistema... 7 mil vezes 333.

Sobe o custo de vida. Sobe a prestação da casa. BNH. Casa própria? Não. Imprópria. A casa nunca será do mutuário. Subiu escandalosamente a gasolina, subiu a carne, subiu o dólar... Por que o governo não congela? O sistema não vai consentir. Que diabo é sistema? Tibe. Subiu o sabão, subiu a farinha de mandioca. Subiu o arroz, o feijão... subiu o dólar de novo... São crimes contra a economia popular. No dizer do mineiro, são crimes monstruosos, são enrabações americanas. Os americanos são ativos, muito vivos. Os brasileiros são os passivos, eternamente os enrabados... Nós, os brasileiros, somos sempre os enrabados pelos alemães, americanos, ingleses e até pelos japoneses...

— Não diga isso, irmão Gomes, pode ser considerado subversão...

— Sim, senhor, pergunto ao irmão Delfim. Ele é enrabado a toda hora e nós, os veadinhos, também. Essa é a lei da expiação do espiritismo no plano médio astral...

— E tem planos maiores, no espiritismo?

— Irmão Gurgel, espiritismo é também uma religião e doutrina que se fundamenta na crença especial da comunicação entre vivos e mortos, precisamos ter mediunidade, quantas vezes tenho visto um rapaz pedindo para mais vezes ser enrabado. Coitado morreu, mas está ainda materializado, gostou. É como nós, somos sempre enrabados pelos ativos americanos. Mas queremos mais. Mais dinheiro emprestado, mais exploração, mais subida no custo de vida, mais enrabações. Pergunta ao Delfim.

Tomei umas truacadas de Caranguejo mais Zé Daniel. O pedreiro José Gomes não bebe. O preto Zé Pelintra proibiu José Gomes beber. Eu bebi demais. Zé Daniel disse que meu saldo base na Caixa está desfalcado. Tirei toda poupança para a bodega. Greve na Faculdade. Os estudantes têm razão. Os estudantes não querem ser enrabados. O americano é fogo. Meu saldo base não dá para pagar a prestação da casa. O dólar subiu... O major fugiu.

Sargento Sobrinho aterrissou. Santana bebeu também. Juju está terminando de beber a décima cerveja mais Gurgel, seu genro. Eu ajudei a beber. Tomei cinco doses de Caranguejo. Estou ébrio. Sim.

Não. Sou pobre. Ébrio é termo de rico. Sou Zé da Olaria. Pobretão. Estou coçado, melado, no maior pifão da paróquia. Como irei celebrar a missa das almas, amanhã, segunda-feira?

Zé Gomes não diz o preço da mão de obra. Com certeza quer me enrabar no preço. Ele não bebeu, mas está falando com o negro Zé Pelintra lá no fundo do quintal. Zé Pelintra. Negro safado. Ajudou o padre Rocha a me tomar uma igreja, lá em São Paulo. Padre Rocha é macumbeiro e sem-vergonha.

— Quanto é a mão de obra, Zé Gomes?

— Depois eu falo, irmão, estou consultando o Zé Pelintra.

São uns putos. Vão me assaltar. Dois cômodos e uma pequena área.

Gurgel de Maroca continua bebendo mais Juju. Quase cego, mas vê onde Gurgel esconde as garrafas de cerveja. Raposas. Bebem demais.

Agonia de um padre casado. Estou quase dormindo. Madorna

Espiritismo. Zé Gomes diz que tudo rola em torno do dinheiro. O católico cobra os sacramentos ministrados. O crente cobra o dízimo e os espíritas cobram consultas espirituais... apenas 50 cruzeiros a consulta e lá se vai a gaita do operário.

Um pastor batizou um adepto da sua seita e cobrou 200 cruzeiros, pelo cartãozinho que representava o certificado de batismo.

Um zelador de santo cobrou 100 cruzeiros para fazer um despacho... Disse o Gomes que as religiões usam 90 por cento de comércio e 10 por cento fica para o que pensamos que é caridade, ilusão... Caridade... Não entendo. Madorna. Tinha bebido mesmo. Gomes fez subir o negro Zé Pelintra, mas com ele subiu um reajuste nos despachos. O meu chefe em São Paulo subiu um óbolo dos sacramentos para 500 cruzeiros. Casamento é sempre a combinar. Diz dom Jurema que podemos cobrar 200 cruzeiros num casamento. Casamento. Caridade. Canalhismo. Exploração. Subiu o óbolo, subiu o leite, subiu a farinha.

Miseráveis! Criminosos. Arre lá! Com tanta subida! Subiu o dólar. Subiram as enrabações. Tem um cardeal que enraba um ministro por 20 cruzeiros. Antes enrabava por dez. Caranguejo.

Pitu. Madorna. Subida do dólar. Mão de obra. Infelizes. De tudo sabe o nosso pedreiro Zé Gomes.

Capítulo 5
OPERÁRIO

Agora estou lendo no jornal: greve na universidade. Greves nas universidades em todo o Brasil. Querem aumento de verbas, querem melhores condições, mais verbas para Educação e Cultura. Certo. Certíssimo. O custo de vida aumenta todo dia. Os mestres do ensino, da cultura, necessitam de verbas. Estudantes, futuro do Brasil! Tomem cuidado. Sejam unidos, fortes, coesos, bons, humildes e justos. Na hora da luta, corajosos.

Se não tomarem cuidado vão estudar com a canga no pescoço. Estudantes do Brasil. Vocês têm um tempão pela frente, mas nós passamos rápido e o tempo fica aí.

Sejamos fortes, ambiciosos, O estudante é o mestre do amanhã. Vamos estudar com vontade, ânimo e fé. O papa esteve no Brasil e falou aos jovens do Brasil. Aos jovens estudantes. Tudo certo. O papa falou. Os estudantes ouviram? Acho que sim. Acho que não. Sei lá! Não me lembro de nada. Acho que bebi. Agonia de um padre casado.

Acho que bebi de novo. Por que não gostam dos estudantes? Estudante é forte, mas bebe também. Os ministros bebem também; mas bebem uísque estrangeiro. O melhor uísque importado de Norte América.

Quando eu era estudante em São Paulo, tomei um pifão mais um ministro e ele ficou numa fogueira danada. O ministro procurou desabotoar os botões da minha braguilha. Que diabo queria o ministro com os meus botões? Minha braguilha não é dólar.

Os professores estão cheios de razão e os estudantes também. Os universitários são as flores que perfumam o dólar, digo, o Brasil. Estudantes do Brasil. Vamos continuar na luta. Nada de desânimos.

Sou um dos muitos estudantes pobres que abandonou os estudos por falta de condições, de meios. Pobre, sem meios, sem vontade, sem finanças. Estudante de Janduís, sem força, sem vontade, sem inteligência e sem dólar... Não há de ser nada. Sou padre, sou irmão, sou rezador.

Sou padre da Igreja Cristã Ecumênica do Brasil. Não sou da Igreja Americana, nem da Igreja Romana, mas sou padre, sou casado e todo mundo sabe que sou casado, tenho dezesseis filhos e a mulher querendo mais. Casado no duro. Estudantes do Brasil! Enganam-se aqueles que pensam que o Brasil está dormindo. E, se estiver, os estudantes vão acordá-lo. Para libertar uma nação, o estudante tem que batalhar, pagar as dívidas externas e internas...

Serra Pelada. Urânio, algodão, sal, café. Vamos pagar nossas dívidas. Liberdade é não dever. Independência econômica. Fui reprovado num vestibular. Chorei desanimado. Nunca mais estudei. No exame oral, o catedrático mandou que falasse sobre testículos. Engasguei. Filho da mãe!

Se ao menos mandasse falar sabre colhões, eu teria falado umas duas horas. Catedrático safado.

Pobre de mim. Estudante medíocre, nascido em São Bento do Bofete, sabia lá o que era testículos. Aquele catedrático não aprovava ninguém. Bezerra Coutinho era o terror da faculdade. Carrancudo, safado. Testículos... Tinha dois, mas não sabia o que era. Madorna. Dívidas. Subida do dólar. Multinacionais. Pessoas desaparecidas em 1964-65.

Sargento Onofre, sargento Porto, Manoel Pereira da Silva, Iran Pereira, padre Alípio de Freitas das Ligas Camponesas, padre Melo da cidade de Cabo, dom Jorge de Santo André, auditor Barreto Tinoco, Sobral Pinto. O advogado Sobral Pinto apareceu agora, mas tinha levado a breca. Para nós, o maior advogado do Brasil. Mais uma pinga, Zé Daniel. Subiu a farinha. Sumiu um jornalista. Morreu Pelópidas. Arrais e Francisco Julião ainda vivem. Outra pinga. Madorna. Agonia de um padre casado. A escritora, esposa do sargento Barreto, foi presa e estuprada. Tudo passou. Agonia de um padre casado. Tudo acabou. O major sumiu. O dólar subiu, aliás o dólar sobe sempre. Agonia de um padre casado.

Os cristãos da minha rua não frequentam a nossa igreja. Sumiram. Eles têm medo do espeto quente no bafafá. O padre anônimo avisou que ia todo mundo pro inferno. O pedreiro José Gomes também ficou com medo e nunca mais assistiu a uma missa na nossa igreja. Espeto quente. Inferno. Eternidade. Quanto custa a mão de obra? O Zé Pelintra deixou Zé Gomes bebendo em alguma bodega. Zé Gomes não quer rezar. Cretino. Rezei o terço, e a ladainha do Sagrado Coração de Jesus. As irmãs Regis estiveram na missa. Santana foi assistir à missa na outra igreja. Sobrinho deu uma batida com o carro. Muito azar. Cachaça. Zé Daniel. Madorna. Tudo é sonho. Quem dorme só tem sonhos. Nada de glórias. O espírito é um fluido eterno. Voa para longe, bem longe. Não consigo dormir. Caí da rede sonhando com Xiquinha. Quem é Xiquinha? Subiu o dólar. Tudo sobe. Nada congela. Madorna.

Tomei serenol, chá de folha de laranja. Dois carros, duas batidas. Dois motoristas embriagados. Santana. Tadeu. A mulher de Tadeu e os filhos, Sandra ou Sandrinha. Que falta de sono... Levantei da queda da rede. Fui pra cama. Caí da cama sobre o penico. No banheiro, Lourdes me lavou. Não consigo dormir. Gritaram lá do portão: irmão Zé da Olaria está? Quem diabo seria? Preciso dormir. Meu espírito quer se transportar para Belém do Pará, depois voltará para São Paulo. Natal não me serve. Rua das Gaivotas, 7992, Cidade Satélite: joguei a milhar e centena. Perdi. Aliás já perdi centenas de vezes. Quem me chamou lá fora? O pedreiro Zé Gomes, o dr. Fernando Freire? Prof. Canindé? Ninguém. Minha mulher avisou para todos que eu estava tresvariando. Madorna. Padre anônimo. Irmão Pereira não vem mais à missa. O padre anônimo proibiu.

Irmão Pereira tem medo do espeto quente no fiofó.

A temperatura subiu. Quem subiu de novo foi o dólar. O major fugiu. Sumiu o meu sono. Madorna. Irmão Gurgel, Zé da Olaria, Padre Milton. Quem será dom Gurgel? É o mesmo Zé da Olaria? Sei lá. Prof. Canindé avisou que leu *Últimos dias de dom Gurgel*. Livrinho cheio de erros. Péssimo português. Não o chamei aqui, professor. Preciso dormir. Três dias sem dormir. Três dias de madorna. Cachaça.

— Vim para lhe ensinar um pouco de português, de gramática...

— Nem pouco, nem muito. Estou velho. Ainda não fiz 69. Não levanto mais o pensamento. Não posso mais aprender. Deixe-me escrever errado. Preciso de repouso. Não posso comprar farinha de mandioca. Por favor, Canindé. Dê lembranças a seu Fernando. Vou viajar pra Belém do Pará e depois regressar a Natal. Bebi muito. Cabeça pesada. Madorna. O pedreiro Zé Gomes disse que me viu com Xiquinha no Alecrim. Mentira! Zé Gomes é doido... Ele nunca me viu com Xiquinha. Minha mulher pode acreditar, sem susto.

Padre casado. O alto custo de vida. Quem seria Xiquinha? Sei lá. Mentira. Xiquinha. Gostaria de escrever. Os meninos levaram minhas canetas. Preciso chegar a algum lugar. Belém do Pará. Voltar para São Paulo. Quero falar com Maluf. Lula disse que o cassetete que Montoro mandou tocar no lombo do operário é o mesmo cassetete do Maluf. Coitado do operário.

Capítulo 6
XIQUINHA

Soube por boca do Zé Gomes que um paraibano afobado baixou o pneu no lombo de Walter Amorim. Certo. Não. Sim. Justiça e não violência. O Walter pensava que o paraibano era como dom Gurgel. Pneu no lombo, sim. Não. Certo. Foi uma surra danada e depois um banho com água e sal. Walter Amorim não conseguiu enganar o paraibano. Foi em Campina Grande. Depois da surra e do banho, Walter Amorim saiu a 180 por hora.

Desta vez foi pra Belém do Pará. Walter foi enganar os paraenses no Ver-o-Peso, ponto comercial. Caloteiro. Peste. Ver-o-Peso. Lugar bom. Walter Amorim está procurando novas vítimas. Madorna. Coronel Barata.

Madorna. Caranguejo. Sem sono. Não consigo dormir. A perna direita bem grossa. Varizes. Inchação. Colhões machucados. Veias sangrando.

O doutor tirou todas as veias. Ficou pior. Perna inchada, grossa. Belém do Pará. Madorna. Lá no Ver-o-Peso, vejo o Walter Amorim enganando os coitados, vendendo livros. Se eu pudesse dormir... A garrafa de Caranguejo está pelo meio. Zé Daniel tomou cinco tragos. Vá beber assim nos infernos. Inda bem que o Dimas de Juju não viu a garrafa. Gurgel de Maroca escondeu. Escondeu, mas Itamar de Tessinha achou. O Careca tomou seis goles, cada gole com cinco dedos. Vá beber assim nos quintos. Madorna. Estou com a cabeça em pandarecos. Agora piorou. Chegou o sargento Sobrinho e lapo. Esvaziou a garrafa. Dormiu cinco minutos e tomou um sonrisal.

Perna direita bem grossa. A direita ou esquerda? Nem sei. Lourdes me chamou. Gritou.

— Acaba com esta tresvalia.

— Que tresvalia?

Cachaça no duro. Não posso beber, mas sou teimoso. Dr. Santos de Janduís fez todos os exames. Não cobrou nada. Tomamos umas pingas.

Se eu estou doente, todos têm que ter compaixão de mim. Madorna. Vou morrer. Agonia de um padre casado. Zé Daniel tomou mais três goles. A perna da grossura de um pilão. Cachaça nela. Padre bebendo... Bebendo e olhando para as mulheres que passam. Vou morrer mesmo. Minha mãe já está no céu. Morreu minha boa mãe. E o pilão? Quem ficou com o pilão? Deve estar no desprezo, como está esquecida e abandonada a casa velha onde nasci.

— Toma uma, Bastinho.

Bastinho não toma pinga. Só toma cerveja. Vamos tomar uma geladinha. Minha mãe morreu... Uma santa mulher. Todo mundo depois que morre é santo.

Uma vez ela me deu uma surra com uma rodilha porque furtei uns ovos e disse que eram de gavião... E o pilão? Vou buscá-lo.

Tudo fica no esquecimento. O pilão. A casa onde nasci. Madorna. Pinga. Tessinha devia ir buscar o pilão, mas tem a perna grossa também.

Meus filhos não sabem o que é pilão. Não consigo fechar os olhos. Zé Daniel tomou mais dois goles e chupou um caju. O pilão é pequeno.

— Me dá um gole, Zé Daniel, antes que dona Lourdes veja.

Madorna. Estou com macropia. O pilão é pequeno. O que é macropia? Sei lá. Salomão deve saber. Dr. Santos também. Dr. Salomão, prefeito de nossa cidade, não deixe o padre morrer à míngua. Onde está o pilão? Sonolência danada. Perna grossa. Perna grossa só de mulher. Dr. Santos sabe disso e Salomão também. Salomão na certa tem vontade de amputar meu pernão. Cortar minha perna acima do joelho. Sim. Não. Salomão, meu bom sobrinho, o prefeito. Fui encaminhado para outro médico. Dr. Nilson. Dr. Nilson não cortou minha perna, mas cortou um pedaço da minha rola alegando que, na minha idade, não precisa de coisa tão grande. Tomei muito remédio e a perna afinou. Que beleza! A perna ficou bem fina. Corri pra Ponta Negra e haja banho. Banho na perna, banho no corpo todo. Ponta Negra. Quantas mulheres! E que mulheres... Padre não pode casar. Pode sim. Na minha igreja todos os padres e bispos são casados.

Pode casar e olhar para outras mulheres. Só olhar. Jesus disse que só em olhar e pensar, já pecou. Olhei, porém pensei, não encostei e por isso não pequei...

Madorna. Sonho. Fui pra São Paulo. Voltei. Cabeça pesada. Cachaça. Sonrisal. A mulher me dando um banho d'água bem fria. Não estava em São Paulo. Era na praia de

Bertioga, pra lá de Santos. Bertioga! Que praia linda. Minha dentadura caiu. Achei. Apanhei. Coloquei. As mulheres não prestaram atenção. Cada mulher tem seu homem. Olha lá! Dr. Santos com uma. Salomão com outra. Minto. Salomão com duas. Ele tem direito, é prefeito. Salve os bons médicos. Madorna. Pinga. Sonho profundo. Acho que já morri. Acorde. Vejam quem está lá! A Xiquinha. Que beleza de morena! Isso, sim. Com licença de dona Lourdes. Você aqui, Xiquinha? Corri para abraçá-la. Um peso enorme na cabeça. A perna grossa e feia, pesada também. Xiquinha correu.

Acordei. Como acordar? Estava sem dormir. Madorna. Cachaça. Cadê Xiquinha? Sumiu. Fugiu. O major fugiu também. Eu faria a mesma coisa. Diabo de mandioca. Fiquem aí com a mandioca do major. Sonolência. A perna bem grossa.

Queria dormir, sonhar. Quem sonha dorme demais. Dona Lourdes tocava-me com muito carinho. Madorna. Nada de levantar o pensamento para nada. Não vou fazer 69. Dos 68 passo a completar 70 anos. Viro-me de um para outro lado. Não vejo Lourdes. Deve está orando na capelinha.

Muitos parentes pedem a Deus que meu espírito desgarre da matéria e assim, morrendo, alivio muita gente. Cadê Lourdes? Onde estão Dr. Salomão, Bastinho, Zé Daniel e outros da parentela? Foram almoçar. Almoçar o quê? Pobre não almoça, come. O rico come quando quer e o pobre, quando tem. Igreja vazia, nem um centavo nos cofres. Construção iniciada, mas embargada. Salomão está conversando com uma garota lá no canto da casa e ordenou que colocassem uma vela e uma caixa de fósforo perto de mim. Agonia de um padre casado. Morrer é libertar-se. Ao lado da garota de Salomão, estou vendo uma moreninha bem bonita e torneada, em cima do pedido. Não levanto mais nada, nem da cama...

Quem seria a moreninha? Cor de canela... Se eu pudesse me levantar. Bonitinha daquele jeito, só sendo Xiquinha. Estava coladinha com o Walter Amorim. Walter Amorim ou Padre Rocha. Desgraçados. Eu morrendo no leito de dor e os conquistadores agarrados com Xiquinha.

Quem seria? Madorna. Zé Daniel gritou:

— Cachaça! Velório sem Caranguejo não é velório.

Filha da mãe. Em vez de pedirem a Deus pela pobre alma de d. Gurgel, estão bebendo cachaça. Como poderei me salvar? Quem vai rezar pelo meu pobre espírito depois da morte? Levaram Xiquinha para o escuro. Três da madrugada. Xiquinha! Vejo dois em um vulto. Na certa, Walter Amorim e Xiquinha...

Caiu uma vela. Levantem a vela. Estou prostrado. Não levanto nada. É alguma coisa no coração. Estou sonolento. Atarantado. Madorna. Agonia de um padre casado. Igreja vazia. O padre anônimo me atacando. Todo mundo com medo do espeto quente no fiofó. Ignorância.

Praia de Bertioga. Não vi mais nem o dr. Santos, nem Dr. Salomão. Sumiram. Com eles sumiu também o major com mandioca e tudo. Subiu o gás. Subiu a farinha de mandioca. Subiu o dólar. Esganados. Madorna. A perna bem grossa, dolorida. Dor nos peitos, na caixa dos peitos, como diz Juju. Valei-me. Outra dor no coração. Uma terceira dor nas costas, nos rins. A quarta dor no pé da goela. Tão bom que pudesse dormir. Pinga. Madorna. Quatro da madrugada. Vamos para Bertioga. Voltei. Não passei em São Paulo. Nem meu espírito quis ficar de repouso na cidade de Santos. Com toda razão, meu espírito, minha alma.

Estavam brigando em Santos. Política. Sistema. Dezoito candidatos brigando pela prefeitura. Riam-se do povo. Eleitores palhaços. Falta de esclarecimentos de um povo. Eleger um para roubar de milhões... Ganância pelo poder. Vaca boa de leite. Madorna. Bons peitos, a vaca tem. Xiquinha me procurou toda ensanguentada. Foi pegando na vela. Salomão não deixou. Zé Daniel ordenou:

— Vá para o consultório de dr. Salomão. Você foi estuprada.

Quem foi o autor do estupro? Walter ou Rocha. O major sumiu, padre Rocha também. Walter, nem se fale. Soneira da peste. Madorna. Agonia de um padre casado. Desejei morrer. Tantas dores... o que será? Uma dor medonha no mucumbu... A mulher ainda quer filhos. Estou com o fusível queimado. Não vou levantar mais o cano. Guerra. Terceira ou Quarta mundial. Não levanto mais nada.

Jamais serei convocado. Madorna. Agonia de um padre casado. Custo de vida. Cheguei de Bertioga. Estou em Natal. Levantei. Fui no Alecrim. Comi um preá torrado com cachaça. A dona Maria lavadeira quer receber dinheiro. É sabatista. Não pega em dinheiro nos dias de sábado. Chegou domingo, queria receber. Minha religião não permite pegar em dinheiro nos dias de domingo... Dona Maria ficou sem receber, azar o nosso. A mulher das promissórias queria receber dinheiro. Padre casado. Doente. Prostrado. Pode deixar, padre, depois vou batizar um menino na sua igreja e desconto. Mais um gole. Zé Daniel. Cachaça boa danada, melhor que Pitu. É Caranguejo? Padre casado. Outro gole. Sonolência, tresvalia.

— Queria o dinheiro da lavagem da roupa.
— Quem é a senhora?
— Não me conhece mais, padre? Sou dona Maria, a mãe de Xiquinha.

Capítulo 7
APETITES DESORDENADOS

Como é ruim ficar sem dormir. Cabeça pesada. Perna inchada. Varizes operadas. Ano de 1946. Antes não tivesse operado. Perna direita. Direita ou esquerda. Direita. Não. A esquerda. Que esquerda. A direita direta. Direta ou indireta. Diretas já. Todo mundo quer diretas, mas as diretas não foram aprovadas...

É assim que são os representantes do povo... Diretas já. Minha perna inchada e doendo. O povo grita. O padre prega. Dona Lourdes chora, reclama e fala alto. Tudo caro. Sobe tudo, todo dia. Por quê? E os representantes do povo? São medrosos. Eles não podem falar. São medrosos e têm medo de perder a mamata. Sono. Sonho. Quem dorme só tem sonhos, nunca glórias. Perdi meu título de eleitor. Achei-o.

Que beleza. Lourdes gritou, perguntou:

— Você vai votar no PSD?

— Pelo amor de Deus. Só se for um castigo. Não me venha com indiretas.

Perdi quinze quilos depois que cheguei de São Paulo. Também só estou comendo farofa. Nem bucho pobre não pode mais comer. Carne ausentou-se da mesa do pobre. Choveu muito, mas por causa do preço da gasolina o milho está custando quinhentos cruzeiros a espiga.

Maldita gasolina. Sonho. Madorna. Estou deitado há mais de trinta dias sem dormir. Duas quinzenas sem dormir. E o dr. Santos? Está bebendo cerveja e comendo peixe. Zé Daniel mais o Careca juntaram-se com Dada e Sobrinho e beberam meu "remédio" feito com caranguejo.

Continuo sem dormir. Conjunto. Cidade Satélite. Uma negação.

O advogado disse que a casa não era minha. Chave não vale nada. A casa continua pertencendo ao primeiro dono. Chave não vale nada mesmo.

— Gastei tanto dinheiro e a casa não é nossa, dona Lourdes.

Lourdes chamou o sargento Sobrinho. Chamou Santana. Iam me levar para o manicômio. Esperneei. Coloquei o dedo grande do pé esquerdo na boca da mulher. Ela acordou. Eu já estava acordado, mas ainda apático, moroso. Madorna. Cachaça. O dedo grande do pé esquerdo na boca de Lourdes. O pé. O dedo grande do pé esquerdo na boca da mulher.

Teria lavado os pés? Direito ou esquerdo? Se fosse o esquerdo, a polícia iria deduzir que Zé da Olaria estava contra o regime. Zé da Olaria não é contra o sistema. Não posso dormir. Serenol. Porcaria. Não serve de nada. Será remédio exportado? Porcaria. Seis comprimidos de melhoral e nada de sono. Sonolência.

Melhor morrer. O sargento Sobrinho despachou o motorista da ambulância. Levantei. Pensei que estava acordado. Sobrinho convidou-me para tomar uma talagada. Pitu, Olho d'água ou Caranguejo. Qualquer uma. Padre não pode beber, mas tomamos três de cada.

Sobrinho bebe demais. Tessinha, não. Nem Lourival Régis. Sonolência. Transição entre o sono e a vigília. Madorna. Queria muito celebrar uma missa pela alma do marechal Teixeira Lott. Figueiredo não consentiu. Decretou emergência. Minha igreja ficou confinada. Fui preso. Fui soldado. Acordei. Tessinha não entrou na igreja. Padre Zé Mário foi conhecer Roma, Palestina e outros lugares santos. Quem vai ficar no lugar do padre Zé Mário? Eu não posso. Ele é romano, eu brasileiro. Sou da Igreja Cristã Ecumênica do Brasil. Sou nacionalista. Sou brasileiro. Tolice. Tudo é cristianismo. Tudo irmão. Pelo padre Zé Mário, eu ficaria na igreja respondendo uns dias, mas padre Pio não vai deixar. Tolice. Tudo é irmão.

O papa pede união, mas aqui no Brasil é a maior desunião do mundo. Ignorância. Violência. Bairrismo. Nós provocamos ódio, intrigas. Todos são filhos do mesmo Deus. Um bispo pregando na igreja disse: Cuidado com essas seitas que existem por aí. Protestantismo, anglicanismo, ecumenismo, comunismo, sabatismo etc. Tudo terminado em "ismo" é perigoso. Não diga assim, senhor bispo. Não minta. Assim sendo, é perigoso o próprio cristianismo, também termina em "ismo". Cuidado, senhor bispo, não fale mal das religiões, dos irmãos. Isso pode ser violência, injustiça social.

Agonia de um padre casado. Não posso dormir. Carne subiu para 9 mil o quilo. E o salário? E os representantes do povo? Sumiram.

— A cama é mesmo que ferro. Vamos para a rede.

Lourdes concordou. Puff! A corda quebrou. Caí com o mucumbu no chão. Quebrei um prato que tinha vindo com sopa. Virei um penico, sujei tudo. Sono da peste. Sonho. Nada de dormir. Pensei no padre Rocha. Ladrão. Tomou minha igreja em São Paulo e vendeu. Igrejas Nacionais. Igrejas Brasileiras. Igrejas Separadas.

Padre Rocha, um bom vigarista. Embusteiro. Combinou com uma devota e tirou um sapo dos seios da mulher. Foi preso. O delegado achou graça. Como podia aquilo ser milagre? E o saco plástico que embrulhava o sapo? O sapo embrulhado e o povo também... Madorna. Cabeça pesada. Pesadelo. Um trem vinha passar por cima de mim. Empurrei a mulher. Ela caiu. Virou o penico outra vez. Sujeira de novo. Padre Rocha pediu perdão. Um tal de padre Plinio da Silva aplicou-me um golpe e me furtou uma kombi. Ladrões. Perdoei o padre Plinio. Ele me furtou uma kombi, mas pagou um café... Um bispo, um café... Igrejas brasileiras...

Reconciliação. Padre Plinio ficou "bonzim". Outro golpe. Ficou três dias ao meu lado. Comia, dormia. No final zarpou e me levou Xiquinha. Cretino. Violentou Xiquinha. Destino cruel. Xiquinha desejava ser uma freira modelo. Pecadora arrependida. Plinio é um crápula. Ladrão de kombi. O safado, depois que usou e abusou de Xiquinha, passou a bichinha para o Walter Amorim... Xiquinha agora trabalha pela comida no restaurante do primo. Trabalha pela comida, e é comida por todo mundo. Xiquinha levava frango assado para os dois. Bandidos. Madorna. Abandonei tudo. Esqueci Xiquinha. Lembrei. Fui pra São Paulo. Voltei. Estou de novo em Natal. Vida caríssima. Exploração. Cegos. E os representantes do povo? Bocas costuradas. Falar pelo povo? Cadê coragem? Olhem os coitados do Seridó! Vão adiando, adiando... Não congelam os preços. Não congelam nada. O povo é medroso. Sono. Povo medroso. Acomodado todo mundo é. Subserviente. São tristes os nossos representantes. Nem todos. Tristeza. Igreja vazia. Rua das Gaivotas, 7992. Pensamentos para o além. Recordei Pretinha, minha primeira mulher, que Deus levou. Para que Pretinha lá no céu? Corte Celestial. Lourdes, uma santa também. Dezesseis filhos. Quatro de Pretinha e doze de Lourdes. Família grande. Tudo subindo. O leite, o feijão. O jornal diz que houve uma negociata. O sistema comprou todo feijão ao produtor a 150 cruzeiros o quilo. Negociata. Agora este mesmo feijão vai ser vendido a 1200 ou 1500 o quilo. O dólar subiu também. Cegos. Por que não congelam os preços? Congelar tudo será o ideal. Ninguém congela nada. Importantes. Madorna. Não acordei. Não acordei porque não dormi. Não estou em São Paulo. Estou em Natal, comendo farinha de mandioca. O meio quilo de bucho comprado na feira no Alecrim só pesou 400 gramas. Isso na balança nova que Santana me vendeu.

Quem está furtando? O feirante ou a balança de Santana? Madorna. Estômago vazio. Vesícula cansada. Perna grossa. Fusível queimado. Sonho. Cano enferrujado. Reservista de primeira categoria. Cano torto. Não levanto mais o cano. Não fiz 69. Nem vou fazer. Depois dos 68 vou completar os 70 anos. Sono. Nada de reconciliar. Madorna infernal. Gurgel mais Zé Daniel tomando Caranguejo, meu remédio. A missa pelo marechal Teixeira Lott. Ele mandou me soltar uma vez, em São Paulo.

Disse para o outro general que, sendo eu primo do senador Walfredo, não podia ser detido por subversão e agitação...

General bom, danado. Perdeu a eleição para Jânio, que se danou depois.

Não consigo dormir. Chá de laranja. Laranja da folha amarga. Serenol. Serenol com chá de molungu. Nada de dormir. Piorei. Piorei, mas não morro. Zoada infernal. Encontrei um vereador correndo na rua João Pessoa.

— Que foi, meu vereador? Alguma novidade, um vereador correndo? Que foi, meu ilustre vereador?

Ele vinha botando os bofes pela boca.

— Padre, são os comunistas do Seridó. Estão no Grande Ponto, todos empiquetados.

— Meu ilustre vereador, o senhor é um representante do povo e correndo com medo deste mesmo povo?

— São todos comunistas, agitadores, subversivos...

Corri para o Grande Ponto. Encontrei todos do Seridó num clima de paz, paciência e resignação. Justiça e não violência.

— Um vereador, representante do povo, correndo com medo deste mesmo povo. Isto é uma covardia, meu ilustre vereador.

Ligue a televisão, não posso dormir mesmo. Programa bom. Olha quem está na televisão. Roberta Close. Que mulher bonita dos diabos. Linda, essa Roberta. Por que não a chamam melhor de Robertinha? Sono, cachê. Que coisa bonita!

Modlipelinda gritou logo:

— É homem, papai, não é mulher.

Mas o que é isso? Homem, não. Sonolência. A mulher mais bonita que já vi na minha vida. Roberta poderia muito bem não negar uma ajuda para a construção da minha igreja. Não desliguem a televisão, Roberta é muito linda. Tem igreja atacando Roberta. É natural. Robertinha não deu ajuda para a igreja...

Sono. Agonia. Batidas fortes no coração. Vou morrer mesmo. Madorna. Roberta ganha muito dinheiro. Cruzeiros? Não. Cruzeiro não é mais dinheiro. Robertinha ganha dólares...

— Bastinho, traga uma vela e uma caixa de fósforo.

Roberta Close é linda demais. Vou casar com ela. Pesadelo. Vou pegar na Loteria dos Números. Pegar só. Supermilionário. Sonhos. Pesadelos. O sono não chega. Zé Daniel e Itamar estão tomando meu remédio. A garrafa está ficando vazia. Parece que acertei na Loteria dos Números. Acertei só. Vou me casar. Será que Roberta quer se casar comigo? Roberta, um amor de mulher! Apetites desordenados.

Capítulo 8
AGONIA DE UM PADRE CASADO

Casar é bom. São Joaquim casou com Sant'ana. São José casou com Nossa Senhora. Tudo bem. Casa todo mundo. Padre é quem sofre demais. Não pode casar com ninguém. Absurdo. A carne é fraca. O cano reina.

Nossa Senhora teve um filho que é o Salvador do Mundo. São José andou meio desconfiado. Um anjo apareceu. Explicou tudo. São José ficou meio lá e meio cá, mas depois compreendeu. Tempo bom. A fé.

Minha fé é pouquíssima. Padre casado. São José não entendeu o santo mistério. Povo incrédulo. Hoje diriam que São José era chifrudo. Bebi mesmo. Zé Daniel chegou e acabou com o resto de Caranguejo. Itamar ficou se lambendo. Dada também. Estou ébrio. Ébrio não, bêbado.

Ébrio é termo para ricos. Padre casado. Vou dormir. Não posso mesmo. Que zoada é essa lá fora? Sabia que era Itamar. Bebeu todo o vinho da missa. Vão embora. Garrafa vazia. A vela e a caixa de fósforos no criado-mudo. Dada, fique aí mesmo. Pegue o fósforo, acenda a vela. Sono. Você ajudou alguém a morrer? Lourdes está aí fora, chorando. Agora me lembrei daquele compadre, cantador de viola. Foi para o velório do compadre, e o caixão do defunto estava ainda na sala, e ele vibrou forte nos arames do pinho:

— O compadre já morreu, a comadre vai ficar sozinha, e se quiser casar de novo, a preferência é minha.

Não chore, Lourdes. A morte é liberdade. Chorar em presença da morte é covardia.

— Ponham a vela na minha mão esquerda.

Dada não entendeu. Na mão esquerda? Vai ficar preso todo mundo. Esquerda, volver! Tire a vela da mão esquerda. Figueiredo manda já me prender. Ficar preso na hora da morte. Falou em esquerda, Figueiredo decretou logo emergência. Não posso mesmo celebrar pela alma do grande Lott.

Dei um passamento. O coração parou. Coração de velho. Sessenta e oito. Sessenta e nove não vou fazer. Deus me livre. Tibe! Sou padre, mas antes de padre sou Homem com "H" maiúsculo. Sou homem de verdade.

Xiquinha sabia disso. Morrer agora? Não. Tornei do passamento. Estou sem dormir. Chamem Dada. Tirem a vela da minha mão. Insônia. Preciso dormir. Nove dias sem dormir. Forte demais, esse padre. Nem morre, nem deixa os outros em paz. Agonia de um padre casado.

Madorna, reminiscência... Dada tirou a vela da minha mão. Achou um copo e tomou dois tragos. Bebi um, sem a mulher ver.

Pulei da cama. Fui até a cozinha. Maridinágema não lavou a louça. Fui tentar lavar. Quebrei duas tigelas e cinco pratos.

Tomei um gole e comi uma saracá como tira-gosto. Tomei outro gole. Não encontrei saracá e comi um rola-bosta de tira-gosto. Certa vez comi grilos e gafanhotos no programa Silvio Santos. Comi abelhas, lagartas e um pequeno jacaré. Silvio Santos é gente boa. Madorna. Acordei. Padre Rocha trouxe um jornal. Aumento para os funcionários civis e militares. Santo Deus! Vai se danar tudo.

Um general vai ganhar 12 cruzeiros, um sargento 5, cabo 2, e soldado? Soldado ganha cadeia. Faxina. Madorna. Monsenhor Eymard, grande escritor e ninguém gosta dos seus livros, estava dizendo isso a uma pessoa menos positiva. Gosto dos livros do monsenhor Eymard, e em São Paulo mesmo presenciei um cidadão comprar seis de uma só vez. Mentira dos jornais. Fazem esse alarme para o custo de vida aumentar ainda mais.

Ninguém vai ganhar tanto. Monsenhor Eymard tem razão. Escrever e escrever muito. O custo de vida. Os ladrões oficiais. Meu saldo base: 280 cruzeiros. A prestação da casa, 365. Danem-se! Ladrões! Os militares padecem também. Rondas. Marchas. Acampamentos. Prontidão. Emergência. Sobreaviso. Acampamento. Sargento Sobrinho com trinta anos de efetivo serviço, fazendo marchas, tirando serviço de guarda. É por isso que o sargento toma umas e outras. Os militares aguentam essa bomba porque são forçados. É bom sofrer. Celebrei missa pela alma do marechal Lott. Celebrei escondido, mas recebi 20 mil para todo mundo ver. Cabeça pesada. Comprei meio quilo de pelancas. Quatro mil cruzeiros. Já viu? Ainda têm o nome de carne as pelancas da vaca. Fui salgar a carne, toquei açúcar na panela das pelancas.

A mulher sorriu, conformada. Muitos pedindo a minha morte e d. Gurgel nada de morrer. Resistente. Couro grosso. Só morremos na hora. Deus é quem chama. Padre Rocha pedindo a Deus para me levar, assim ele tomaria fácil a igreja. Abocanhadores. O outro ficaria com a capelinha de São Benedito. Outro ataque. Cadê a vela? Desta vez, eu vou.

Sonolência. Por que não me deixam dormir? Lourdes, mande esses meninos zoar lá pra fora. Não veem que estou morrendo? Quem quer desquite? Divórcio? Certo. Jesus veio para respeitar as leis. Lourdes aceitou o divórcio? Não. O desquite? Lourdes não aceita nada. Juju acha que está tudo certo. Juju quer vender o terreno e torrar a gaita. Certo. Para o outro mundo nada se leva. Salomão me levou para Janduís. Lá é melhor de se morrer.

Fiquei na casa de Bastinho. Almocei com Gurgel, jantei com Pedrinho e a ceia foi com Gurgelinho. Continuo com fome. Queria dormir na creche.

Delcina é tão compreensiva. Hospedou Lourdes e d. Gurgel. A casa onde nasci fica do outro lado do rio. Bastinho nem reforma, nem a casa cai...

Meus padrinhos Eugênio, Maria Gurgel. Elpidio, Quincas, o açude. O finado Oscar, Sidom e outros que já subiram...

Estou fechando os olhos. Agora vou dormir. Chegaram os Maias, os Saldanhas. Gente muito valente. Meu velório. Bastinho matou um carneiro.

— O que é isso, Zé Daniel?

— Doze garrafas de pinga.

O carneiro era grande. Juju esteve no velório. Buchada no velório de d. Gurgel. Madorna. Cabeça inchada.

Levantei. Fui tomar um banho no açude velho. Pedro Lancha disse que lá havia muito cangati. Não é que um mordeu minha rola? Só assim ela ficava maior. O cangati mordeu mesmo. Que dor tremenda! Ambrosina fez curativo. Botou pucunã! Melhorei bem. Seu Raimundo Benevides dando catecismo, puxando o saco do padre. Agora seu Raimundo é crente. Santinha, minha irmã também. Os dois estão salvos por Nosso Senhor Jesus Cristo.

Gorgônio, João Mariano, Marcos, Moisés, Lourim, Alice, Xico Sinésio, Nicolau, Leopoldina, Hermes, Tio Manu, Tia Joana etc. Igreja Romana. Padres de todos os recantos. É bom. Igreja Cristã Ecumênica do Brasil. Padres casados. Padres solteiros. Conheço um padre solteiro que tem três amantes, bonitas e novas. É melhor ser solteiro.

São Bento do Bofete. Hoje, Januís. Zoada. Insônia. Magreza. Penúria.

Agonia de um padre casado. Vou morrer. Oscar, Sandoval, Expedito, Marcos, Leopoldina e Bertolda. Todos aqui no velório. O engenheiro Hermes, casado com Madalena, minha sobrinha, filha de Juju. Impossível dormir com essa batucada. Polícia! Tiroteio. Mataram Juarez.

— Pistoleiros contratados.

— Por quem?

— Sei lá. Nem a polícia é besta para descobrir.

A polícia chegou muito depois da morte de Juarez. Vamos orar, Helvécio. Helvécio ora muito e pede a Deus que eu retorne ao catolicismo romano. Preciso ser cristão puro na hora da morte. Sou cristão de verdade e desejo morrer bom cristão. Padre casado. Filhos, apaguem a luz. Acendam a vela.

Outro ataque, a perna congelou. João do Treme rezou. Fiquei bom.

Fiquei bom, mas não durmo. Pedro Lancha está doente. Mesmo assim me levou para dormir do outro lado. Pedro Lancha me deu um tigelão de coalhada com rapadura.

Tempo bom. Quincas de Elpidio. Celebrei missa, batizei, crismei.

Quincas é homem mesmo. Madorna. Um padre anônimo escreveu para o Bastinho esclarecendo em carta que os batizados, crismas e casamentos ministrados por nós não valiam... Falou que o satanás enfiaria espeto quente no fiofó dos padrinhos. Bastinho não acreditou na carta.

Quincas mandou o padre anônimo tomar naquele lugar para deixar de ser besta.

Bastinho foi soldado. É genro de Xico Alves. Tem um revólver aí? Liquide com minha singularíssima insignificância. Não posso dormir, nem viver. Padre casado. Prefeitura de Januís. Dr. Salomão, um grande prefeito. Vou votar nele para deputado estadual. Votarei pelas indiretas? Nunca.

Estou com as diretas já. Vou votar em dr. Salomão. Quero um terno novo, um chapéu e uma mulher, digo, uma muda de castanhas da Índia.

— Não posso dar coisa nenhuma. O voto deve ser livre. Liberdade de ação.

— Então não posso votar. Como vou votar de barriga vazia e sem roupas?

— Então procure o partido do governo. Ele está dando feijão "duro na queda", arroz e um par de chinelos.

Tempo bom que já se foi. Madorna. Vou morrer mesmo. E Lourdes?

— Vá chamar um confessor, Bastinho.

— Sou auxiliar do padre, sou ministro da Eucaristia. Diga lá seus pecados.

— Então lá vão ripas: comi o queijo do meu irmão, comi o melão no roçado de seu Jacó, comi os trapiás de Cardoso, comi os bolos de dona Pulquéria, comi as cocadas da banca de dona Chaquinha, comi a melancia do meu padrinho Eugênio. Comi muita coisa. Comi Xiquinha. Só me lembro desses.

Sou um mísero pecador. Sou padre, porque Deus me ajudou. Mesmo em São Paulo, com um curso primário malfeito podemos ser arcebispo de qualquer igreja livre...

— Teus pecados estão perdoados — disse Bastinho.

Outro passamento. Tragam a vela. Pedro Lancha chegou. Posso morrer? Amaral está impaciente. Doente deve morrer logo para não dar trabalho aos outros. E a família Camelo? Minha madrinha Sebastiana é Camelo, no duro. Pedro Lancha, Joaquim Lopes, Xico, Sinésio, todos estão esperando que d. Gurgel entregue a alma a Deus. E o testamento? Não fiz. Sou um pobretão. Gostava muito das Lanchinhas. Tinha muito angico. Como eu gostava de resina de angico. A melhor resina era aquela em que os soinhos mijavam em cima. Resina mijada pelos saguis. Como era...

Recordações. Infância. Vamos pular, Cardoso. Pulo com precisão, em cima daquela ruminha de barro. Cardoso fazia finca-pé e pulava mesmo em cima das rosetas de xique-xique. Cardoso avançava fulo de raiva e eu, "perna para que te quero"... Cardoso não me pegava. Eu corria muito. Mas depois Cardoso, com raiva, ia roubar as melancias no roçado de papai. Padre casado. Cadê João Pinheiro? Vamos tomar um vinho. São Rafael é o melhor vinho. João Pinheiro dizia:

— Livina, d. Gurgel vem almoçar hoje aqui.

— Aceito, João Pinheiro. Mais um litro de São Rafael. O melhor vinho do mundo. Madorna. Outro pensamento. Dr. Salomão, mande cavar minha cova perto da do finado Oscar. Xico Lema sabe onde fica a cova.

A batucada começou. Não respeitam nem um velório. Batucada infernal. Briga. Tiroteio. Os Saldanhas, os Veras, os Maias etc. Vou mesmo dormir do outro lado no pé da serra.

— Dona Elvira de seu Doca, me arranje uma rede.

— Pois não, Milton, cuidado com os percevejos.

Virgem Maria! Um tiroteio danado em São Bento. Quero dormir. Não posso. Os percevejos. Os meninos de dona Elvira. O tiroteio. Eu já ia dormindo. Chegou Juju. Dona Elvira esperava menino. Buchuda de oito meses e 29 dias. Dias da hora H. Seriam gêmeos? Dona Elvira não vai colocar os nomes dos meus gêmeos: Mazotopísteles e Mequistapache. Nomes estrambólicos. Nomes assim, dona Lourdes põe nos filhos de d. Gurgel. O tiroteio. As vazantes. Os Maias. O açude do Espalha. Para que brigas, fuxicos? Seu Zé Veras sabe disso. Melhor é a paz, dr. Olavo. Aperte a mão do dr. Salomão. Vamos ser amigos. Justiça sim, violência, não. O papa, Juju. Juju é irmão, tem a palavra, o nobre irmão. Guarde a espingarda, Juju. Diga. Fale.

— Ouvi bem uns cinco ou seis tiros.

— Foi tudo na caixa dos peitos do seu marido, o finado Docas...

Sonolência, madorna. Padre casado. Meio quilo de bucho por 2 mil. Ladrões. Subiu o açúcar. Esconderam o leite. A farinha com perna seca de sapo. A farofa. Marilândia acaba de dizer que não tem gás! Vou comprar uma panela de barro. Século XX. Dr. Salomão, mande uma carga de lenha pra mim, naquele jumento que papai tinha. "Letreiro" era o nome do jumento. E os Gadelhas? Tempo bom. Madorna.

O gás subiu. Esganados. Magnatas dos aumentos. Que quer dizer, afinal, magnata? Dr. Salomão sabe. O dólar subiu. O major fugiu. Madorna. Fujo da vida. Insônia. O dólar subiu. Sobe todo dia. Desgraçados.

— Juju, seu Doca morreu?

— Seis tiros na caixa dos peitos.

Madorna. Padre casado. Não tem café lá em casa. Carne não se pode mais comprar. E os meninos, meus filhos? Milton Filho, Murilo, Maurício, Maria Dalva, Marcolândio, Mansglio, Milhomens, Merêmpedes, Maria Aparecida, Marilândia, Maridinágema, Modlipelinda e alguns netos. Quanta gente pra ver um padre pecador morrer.

— Maurício, arranque aqui este dente furado.

— Você vai cobrar?

— Não, papai. Morra em paz.

Um dente "queiro".

— Modlipelinda, vá comprar o pão.

— Subiu, papai: de 45 para 72.

Desgraçados. Sem subir o salário. Subiu a gasolina. Vou morrer mesmo. Agonia de um padre casado. Dezesseis filhos. Por isso não deixaram padre Chacon casar. Fogo. Mesmo assim, dizem que ele tinha mais de doze filhos espalhados por este mundão afora!

Cadê dona Piana, Ari, Joana D'Arc? Foram para o cemitério. Dona Piana ia na frente, no caixão de defunto. Como é bom morrer... Traga a vela.

Bastinho foi fazer o pagamento da turma na Prefeitura. Para que serve o tesoureiro? Cadê o resto da turma que estava no meu velório?

Foram ao enterro de Dona Piana, minha sogra. Agonia de um padre casado. A emenda Dante de Oliveira. As Diretas. Todo mundo se vendeu. Que pouca vergonha! E o povo? Deputado Xico passa fome, passaria também para o lado de quem tem a grana. Maluf com suas razões. Todo mundo se vendeu? Sim. Não. Alguns morrem e não se vendem. As Diretas.

— Vai passar o decreto?

— Vai nada. O sistema não deixa.

— E o meu título?
— Está com o homem da bodega.
— Seu Paschoal, quero meu título, vou votar pelas diretas.
— Só posso entregar quando você pagar. A conta está grande demais.

Madorna. Francisca Moura Imperial. Mulher bonita e rica. Ela vai ajudar no meu enterro. Não pode. Vai casar pela quinta vez. E Tiago? Jordão? Marília? Eliane, Antônio, o moderado mordomo? Onde estão? Gente de novela. Levem-me numa rede para o cemitério. Caixão está muito caro... No Alecrim estão cobrando à prestação. Igreja boa. Também vendem caixão de defunto à prestação. Como posso morrer? Ainda estão pagando a parteira. Seu Raimundo Benevides. Uma caixa de rapé. Tomou. Espirrou no altar e apagou as velas. Padre Leão danou-se. A rede cor de rapé.

O Pastor quer que pague o dízimo adiantado. Tem um carro, e a mulher, outro. A empregada é motorista, usa o terceiro para levar os filhos do ministro para o colégio. Padre casado. É bom ficar solteiro, diz São Paulo.

Na nossa igreja, ninguém paga dízimo. Dá o que pode. Igreja de padre casado é falsa. Já viu querer ir para o céu sem pagar o dízimo da igreja?

Tudo aumentou. Padre casado. Um quilo de farinha, outro de feijão e meio de arroz: 4656 cruzeiros. Ladrões. O FMI. As multinacionais. Jânio Quadros, um fujão. Aureliano, Maluf, Tancredo, d. Gurgel, Lula... Vou votar no Maluf, homem de dinheiro. Vou nada. Vou, sim. Vou, não. Muitos candidatos. Todos valem milhões. Elevados ao quadrado são iguais a zero. O zero material. Nosso caso é o espírito. A matéria, a terra come. Coitado de d. Gurgel. Morto. Milhões de invertebrados. O meu documento de bispo vai ficar nas dobras da mortalha. Padre casado é bom. Padre solteiro é melhor. Zé Luiz, Galvão, Moreira,

Gurgel, Juarez, padre Pedro Luz. Cadê a luz do Pedro? Todos sem batina, mas são bons cristãos.

Ordenado padre, é sacerdote até no inferno, diz o adágio. Padre Zé Luiz disse algo da nossa pessoa, está perdoado. Falou de mau, prepare o pau. Vejam o que dizem do primo do monsenhor que governou o Rio Grande do Norte.

Monsenhor, foi um bom governo. Grande livro. Símbolo. Levaram meu livro. A vela. Dezesseis filhos. Padre casado. E depois da morte? Respondam. Deus seja louvado. Monsenhor está me esperando. Vou subir. O dólar subiu de novo. Esfomeados. Você não levam dólares para o outro mundo. Nem dólares, nem cruzeiros. Bandidos. Quem acumulou virtude, moral e caridade leva alguma coisa. Tudo fica nas dobras da mortalha, no festim de milhões de invertebrados. Vermes assassinos. Podridão. O cruzeiro desvalorizou. O dólar subiu. O presidente retirou a emenda. Colocou de novo. Vai ganhar. Indiretas e vida caríssima. Danem-se. Quantos dólares ganhamos com essa confusão de direta e indiretas? Nada. Tudo é bem combinado. Zé Daniel tomou mais duas lapadas. Vai secar a garrafa. Para que votar? O custo da vida sobe mesmo. O povo precisa de vida barata.

Madorna. Últimos minutos. Bons deputados. Todos calçam 44. Madorna. A vela. Seu Manoel Teotônio já está salvo. Aceitou a nova lei dos crentes. Vai retirar 10 por cento para o pastor, ou melhor, para o dízimo. Dívidas externas e internas. O major fugiu. O dólar subiu de novo. Certo. Liberdade. Democracia é coisa boa. Melhor é o dólar. Se eu pudesse, teria milhões de dólares e não ficava aqui comendo farofa. Mupamíxades está tossindo muito. Espinha de cará na garganta. Farinha seca faz descer a espinha.

— Coma farinha seca, meu filho.

O menino está mesmo entalado. Em São Paulo, o bichinho não comia farinha seca com farinha de sapo.

Zé Daniel enfiou o dedo na garganta de Mupa. Retirou a espinha.

Farinha de mandioca, a melhor farinha do mundo. O escândalo da mandioca. E os outros escândalos aqui no Rio Grande do Norte? O do milho, o do feijão? Ninguém diz nada? Vamos lá, representantes do povo. Ninguém diz nada. O povo vai pagando tudo. Vitamilho é o mesmo que dólar, sobe todas as semanas. Padre casado. Crise mundial. Cará ou cascudo? Espinhas. Crise na igreja. Padre solteiro. Crise no mundo inteiro. Dívidas externas. Padre casado. Casar pra quê? Passar fome? Deixar os meninos sem nada? Farinha de mandioca. Perna de sapo dentro do saco de farinha. Vamos lá. A vela, o fósforo. Outro ataque. Tornei. Apague a vela. Madorna.

Agonia de um padre casado.

capítulo 9
ROGAI POR ELE

Padre Zé Luiz tem razão. Qual é o homem? Aluízio? Tancredo?

Aluízio negou um local para implantar a semente da igreja.

Cidade da Esperança. Lá tudo é de Aluízio. Aluízio arranjou um dinheiro com os americanos, construiu a cidade e dividiu com os pobres.

Tem pobre que ainda paga 4 mil cruzeiros por mês da prestação e atrasa um pouco por conta da ordem de Aluízio. Aluízio é vivo. Duro. Renúncias. Crises. Sonhos. O padre pode casar? Sim. Não. O padre é homem. Disciplina. Crise. Zé Luiz casou. Padre Zé Mário não quis ainda casar. Certo. Os sacerdotes já estão se casando. Quando um padre vê uma zinha de minissaia, bem torneada, qual é o pensamento dele? A carne é fraca. Madorna.

A carne que se alimenta apenas de bucho com farofa só pode ser muito fraca. Crise na santa igreja. Casa ou não casa? O padre é homem. Não é? Casar é melhor que abrasar, diz o bispo São Paulo.

Desde os dias de João Batista até agora, com tanta subida no dólar, o Brasil e outras nações sofrem violência. Subir o preço do leite, do pão, do arroz, da farinha... deixar a raça sem comer, não é isso mais que violência? É ou não é? Dr. Salomão sabe disto. E Walter Veras, o vice de Janduís, Zé da Olaria, Juju, Xico Lema, o que pensam de tudo isso? Oscar já está com Deus. Uma facada no vão que levou num forró.

O coitado ficou fazendo curativo com leite de velame e cocô de cachorro, com mijo de moça, mas não ficou bom, terminou morrendo. Xico Lema estava amortalhando seu Oscar quando uma moça chegou e disse:

— Valha-me Nossa Senhora, socorro!

Passava a mão no bigode, tirava a sujeira.

— Nossa Senhora o quê, mulher? É um homem morto. Não vamos passar fome.

Onde fica a cova de seu Oscar? Ele inaugurou o cemitério de Janduís. Teve a honra de ser o primeiro defunto. Ninguém sabe onde fica a cova de seu Oscar. Nem o prefeito. A cova sumiu. O dólar. O major sumiu. Madorna. Farinha de mandioca.

Xico Alves é o sogro de Bastinho. Xico Alves chegou. O revólver caiu perto de d. Gurgel. Disparou. A bala entrou no meu pobre coração. Modorna. Quero minha cova perto da de seu Oscar. Dinheiro.

— Salomão, onde vamos buscar dinheiro para o enterro do tio?

— Na prefeitura, não tem um centavo.

Ora, Salomão, vá buscar dinheiro onde tiver. Preciso ser enterrado. Vá buscar gaita nos Estados Unidos, Japão, Inglaterra, Moscou, no diabo que os carregue! O irmão Zé da Olaria precisa ser enterrado. No céu tudo é bom.

A terra é um presídio. D. Gurgel era um prisioneiro. Com a morte chegou a liberdade para o espírito. D. Gurgel, um prisioneiro. No Exército, preso. Na polícia, preso. Na igreja, preso. Foi melhor mesmo morrer. Zé Lancha começou a rezar o terço. Um padre-nosso e dez ave-marias. Lá se foram mais dez ave-marias. Madorna. Sono atrasado de quinze dias. Depois da morte, segue-se o julgamento do espírito. Casei. "Pai, abençoa meus rebentos, meus dezesseis filhos." Aqueles que estão comigo na nossa igreja ou congregações dos bons cristãos. Salomão deixou onze filhos na Rússia. Eita prefeito reprodutor! Já vai com doze aqui no Brasil. Salomão é um reprodutor novo, bonitão, as evas gostam muito dele. Feliz da mulher que Salomão colocar os ovos, digo, os olhos em cima. Pode preparar o enxoval da criança.

Suspende o enterro, voltei a viver. Tornei do ataque. Suspende o empréstimo. Achou o dinheiro, Bastinho? Quem é o tesoureiro? Tem mais de três. Salomão não paga em dinheiro. O dinheiro do enterro está pronto, debitado.

— Transfere o dinheiro para outro defunto.

— Que dinheiro?

— Do meu enterro.

Os Lopes guardaram. Estando com eles, está bem guardado. Tornei a viver.

Amaral gritou, impaciente:

— Não vou mais esperar que esta peste morra. Fica dando trabalho aos outros.

Madorna terrível.

— Sobrou algum dinheiro do enterro? Dê pra Xico Lema.

— Xico Lema já morreu.

A paz esteja conosco. Jó, 20:21. A paz esteja conosco. Que paz? E o material bélico? Os engenhos, os satélites, foguetes, fórmulas. Os Estados Unidos, o Japão, a velha Rússia. O mundo vai pegar fogo.

O Brasil tem satélites, engenhos, minérios, algodão, ouro, grandes ministros e muitas dívidas. Madorna. Outro ataque. Agora vou morrer mesmo.

Amaral não esperou mais, Zé Lancha continua rezando o terço; Pedrinho, Euni, Bastinho, durante a ladainha, todos respondem:

— Rogai por ele. Descanso eterno, dai-lhe, Senhor.

Madorna. Vinte e cinco dias sem dormir e sem morrer. Juju tomou um trago. Crente não bebe, não fuma, mas namora. Bonifácio, crente, pastor, saiu pelo mundo afora com a mulher do Malaquias. Abandonou a igreja, fugiu com a mulher alheia. Sei lá. Motel. Paraná. Bonifácio era meu amigo, mas nunca deixei que apertasse a mão da minha mulher. Bonifácio comprou um revólver, escondeu a Bíblia e nunca mais quis saber de igreja, só da mulher dos outros. Não aguento mais.

Madorna. Xico Alves chegou. Vamos almoçar. O almoço é bucho com farinha de mandioca.

— Juju, vá buscar uma buchada de carneiro com uma garrafa de pinga. Cuidado com Zé Daniel.

Chegaram o Daniel e o Careca. Itamar e Gurgel. Muita gente. Adeus, buchada e garrafa de pinga. Antonio de Solita não toma pinga, mas bebe muita cerveja e vinho.

Antonio de Solita vai arranjar serviço para o Careca. Careca está precisando. Antonio é boa gente. Ele vai ajudar o Careca.

— Você, como tio, por que não compra um caminhão para o Careca trabalhar? Ele é um grande motorista, um bom caminhoneiro.

— Não posso, Antonio, mais adiante, possa ser...

Ê Antonio! Comprou um caminhão para o Careca trabalhar... Antonio de Solita. Eita homem bom danado. Vamos tomar uma cerveja, isto mesmo. Venham duas. Quanta gente no meu enterro. Vai ser às quatro da tarde. Subiu a gasolina. Subiu a passagem. De quem é a culpa? Minha? Figueiredo é inocente. Nada tem a ver com o preço da gasolina. O culpado é o coveiro de Sucupira. Zé da Olaria morreu. Quinto ataque. Tomou. Todo mundo foi embora. Não vai mais haver enterro.

Meia-volta, volver. Volta todo mundo. Outro ataque. Casa própria ou imprópria. Meu saldo na caixa é 8 cruzeiros. Meu saldo é apenas 75891 cruzeiros. A prestação passou para 236 cruzeiros. Como vai ser, Nelson da Matta? Nelson vai matar todo mundo. Madorna. Sonolência. O aumento constante e escandaloso da gasolina. Delfim e outros.

Os motoristas são ingratos. A greve deveria ser para baixar a gasolina e não para tirar dos irmãos mais dinheiro pelo aumento. Tudo rebenta nas costas do povo. Greve para baixar o preço da gasolina. Ninguém enchia o tanque. Ninguém usava a gasolina. Sobraria muita gasolina e a desgraçada teria que baixar mesmo.

Os motoristas têm medo do cassetete da polícia, então a greve é feita para tirar mais dinheiro dos próprios irmãos que usam os táxis. Quem vai pagar os carros para acompanhar o enterro de d. Gurgel? Quem é d. Gurgel? É o mesmo irmão, o mesmo Zé da Olaria. Juju está aí? Tessinha também? Todo mundo na área. Continuam rezando o terço e depois a Ladainha de Nossa Senhora.

Santa Maria, Santa Mãe de Deus, Santa Rainha dos Anjos, Mãe de Delfim, Mãe do presidente, Mãe de d. Gurgel, Mãe dos entreguistas, Mãe dos pecadores... Rogai por Ele. Rogai por Ele.

Capítulo 10
TERRA, TERRA E TERRA

Sexta-feira, 13 de agosto de 1983. Dia bom para morrer. Morreu Teotônio Vilela, morreu Clara Nunes, Zé Fernandes, marechal Lott. Só o irmão Gurgel não estica as canelas.

— Besteira, Zé Daniel, só se morre na hora.

A perna bem grossa. O cano fino, sem levantar. Cano bem pequeno, como vocês bem conhecem. Não levanto mais. Estou inconsciente. Madorna de cinco dias. Desligue o televisor. Quem está na tela? Quem? Roberta Close. Deixa a moça falar. Como é linda...

— Não é moça, não, papai, é homem.

Que homem. É mulher, e muito bonita. Sai da frente, Zé Daniel, vá tomar suas pingas pra lá. Vou morrer mesmo. Roberta é homem? Maria Sapatão? Homem não. Homem é lá com o sargento Sobrinho. Quem gosta de homem é o glorioso Exército. Madorna. Uma mulher tão linda e é Maria Sapatão. Ganha muito dinheiro, a Roberta. Preciso de uma ajuda para a igreja. Você me dá uma ajuda, Roberta? Dou um beijo. Sai de mim. Quanto você precisa para começar a construção? Um milhão. Tome um tapa. Tá vendo? Mate o velho. Coitado de Zé da Olaria. Justiça e não violência. A não violência é boa. Dinheiro é muito melhor. Lutem vocês. Estou velho, no fim da picada. Dom Albano, padre Barbé, Rosalvo, cardeal Arns, irmã Elvira, frei Alamiro.

Justiça e não violência. Outro passamento. Agora vou. Anjos Bons. Anjos Maus. Uma legião para me acompanhar. Como é bom gostar de animais. Não desprezem nossos irmãos irracionais. Eles estão aqui ao meu lado. Querem me ver morrer. Eles sentem também. Os meus cadelos: Sarna, Branquito, Bruguelo, Pega Peixe e muitos gatos aqui perto do meu leito de agonia. Agonia de um padre casado. Um papagaio. Um jegue. Um periquito. Um galo de campina. A perna bem grossa. O coração batendo. Tuc, tuc e nada de apagar. Para, mas torna a fibrilar. Salomão está chateado. Precisa ir despachar. Ele é prefeito. Veias congeladas. Água com pinga. Não é boa a circulação. Puf, puf.

A doença vai subindo. Tudo sobe. Não subam o preço do pão. Tenham pena das crianças. Desalmados. Subiu a gasolina, subiu o dólar de novo. Criminosos. Xiquinha já tem cinco filhos. Um deles é filho de padre. Zé Daniel diz que se parece comigo, outro é do Walter Amorim.

Quantos filhos... Crescei e multiplicai. Por que as mulheres amarram as trompas? Gostam de homem e não querem filhos. Um-dois, um-dois. Meia-volta, vamos ver! Ser bom soldado para garantir uma situação que não é tão boa. Gurgel está esvaziando a garrafa, e Zé Daniel ajudando. Respeitem o padre na hora da morte.

Juju está chorando. Chorar em presença da morte é covardia. Juju, você é crente. A vida não termina com a morte. Começa depois. Sim. A vida do além-túmulo. O terceiro ano de existência da nossa igreja em Natal. Tudo é cristianismo. O 13º salário dos pensionistas foi negado. Aliás, o nosso bom governo sempre nega o 13º para pensionistas e reformados... 13º ataque. Madorna. A existência não é um Éden perene. Convém morrer, é morrendo que se vive para a vida eterna, diz Francisco de Assis. Seu Hermes, Tonhão, Quincas de Elpidio, Padre Rocha, padre Plínio e outros estão querendo mesmo que d. Gurgel morra. E a poupança?

Muitos querem avançar na poupança de d. Gurgel. Agonia de um padre velho, casado. Morri. O coração parou de um tudo. Amaral deu graças a Deus. Vou para o cemitério. Segure aqui na alça do caixão. Um caixão de luxo. Quanto custou? Salomão foi quem pagou. Pedi tanto para me levarem numa rede. Depois de morto, sepultado à tumba. Vai de qualquer jeito.

Defunto não fala. Empréstimos. FMI. Tiago. Jordão. Marília. Os Alencastro. Jogadas. Desliguem a televisão. Gustavo está brigando com Tomás. Seu Nonô é avarento. Marina não sabe o que quer. Bel é safadinha. Mariana é boa, quer livrar a barra do pai que matou a primeira mulher do Nonô. Jordão-Roberto-Bel. Transas e caretas. Padre casado. Xiquinha ficou sem os cinco maridos. Coitadinha. Além de tudo, o Walter Amorim continuou visitando a bichinha, pois foi visto depois de meia-noite, saindo da casa dela. Contaminou Xiquinha com doença venérea, que transferiu um pouco para o padre anônimo. Bem feito! Padre não se casa, mas pega doença feia. Tibe! Era melhor casar. Desgraçado. Vou tratar dos dois. O padre anônimo me ataca muito, mas Jesus disse: "Amai vossos inimigos".

Ele é meu inimigo, mas eu sou muito amigo dele. Madorna. Padre casado. Xiquinha vai ficar boa. Gonorreia. O padre anônimo vai ficar também. Televisão bonita. Liga, desliga. Marília, Eliana, Jordão, Tiago, seu Antonio, o modormo, Francisca Moura Imperial. Dois maridos. Comigo completava os três. Francisca Moura Imperial é muito linda. Sou um velho feio e rabugento. Sacudiram um martelo na minha cara. Erraram. Pegou no Itamar. Deixem-me morrer em paz.

— Juju, de quem é aquele cavalo que está debaixo da latada?

— Drogadilho.

Cavalo bom danado. Quantas quedas levei. Corria atrás do boi e quem caía era eu. O cavalo e o boi iam em frente. Zé da Olaria ficava no chão. Janduís. Ano de 1929. Revolução de 1932. Seca. Fome. Chiqueiro das cabras. Lourival, Alice Xandina. Lembrem-se que o bom Jesus continua dizendo: Vim para que todos tenham vida. Não é só a vida, é amor, é tudo.

Paz, amor, caridade e oportunidade. Oportunidade para lutar. Justiça e não violência. Como poderemos ter vida sem congelar o custo da alimentação? O custo de vida sobe todo dia. O salário uma vez por ano. Subiu o bucho, subiu o dólar. Baixou o quiabo e nunca mais vai subir. Jesus ensinou tanto. Lutou. Deu a vida. Morreu para que todos fossem salvos. Entreguei a minha vida pela salvação de todos. Vamos, Domingos Barbé. Rosalvo. Dom Albano, dom Gurgel. E as nossas consciências?

A vida do Cristo. Reconstrói na vida dos favelados, dos pobres indefesos, inocentes, inaptos. Onde morre um irmão Zé da Olaria, "Eu estou morrendo nele". Socialismo puro. Existe? Cristianismo. Tragam a vela.

— Cadê Bastinho?

— Foi cuidar dos porcos.

Cuidar dos porcos é melhor que cuidar de Zé da Olaria na hora extrema. Quando Zé Pelintra fica com raiva, entra no fiofó dos porcos. Malvadeza. O porco tem uma carne tão gostosa. Sonhei com um bacorinho sorrindo e dirigindo um carro. Era o carro de Salomão. O prefeito de Janduís não pode pagar um motorista. Pobre Salomão. Prefeito eleito pelo povo. Eleição Direta Já. O Presidente não quer a tal da eleição direta. Por quê? Teotônio Vilela queria. Fafá de Belém quer eleição Direta Já. O povo também queria da outra vez, e babau...

Dívidas externas. Exportação. Serra Pelada. Madorna. Sonhei que era um escravo lenhador, com noventa anos de idade. Morte! Ô, morte! Venha me buscar. O feixe de lenha pesava uns cem quilos... noventa anos. Escravo. Venha me buscar, irmã morte! Pronto. Cheguei. Fale, Zé da Olaria. Bem desconfiado. Chamei a irmã morte para me ajudar. Quero o feixe de lenha na cabeça. Madorna. Caixa de fósforo. Vela na mão. Laje fria. Justiça sim, violência não. A cada minuto mais de 1,3 cruzeiros são encaminhados para fins militares. Por tal motivo é que o Brasil deve os cabelos da cabeça. Durante esse minuto, trinta crianças morrem nos países pobres, a maioria de fome. Fome ou desnutrição. Madorna. Crime.

Em Janduís, o dr. Salomão não deixa morrer tantas crianças. Trinta por minuto. Em 1988, sem Diretas, poderão morrer 120 crianças por segundo. Sonho, agonia. Os filhos da Xiquinha vão morrer também. Sonho. Agonia de um padre casado. Vamos salvá-los, dr. Salomão. Não deixe morrerem de fome os meninos da Xiquinha. Justiça sim, violência, não. Senhor presidente, senhores governadores, senhores prefeitos. Não deixem o povo morrer de fome.

Eu vou morrer agora de velho. Perna inchada. Vela na mão. Tragam. Esta, não, vela de cor não serve. Pelo amor de Deus. Uma vela branca, traga, Tessinha, Bastinho, Walter. Dr. Salomão, deixe essa secretária pra lá. A moça já tem um filho seu. Não tem nada. Quanto mais, melhor. Salário mínimo. Dos 90 desconta 20 de INPS, 20 é para o transporte, 50 é do aluguel da casa.

O operário vai comer o quê? Não tem alimentação boa nem barata. Merda, digo, mercadoria nenhuma os coitados podem comprar. Viva o governo! Malditos! Dão com uma mão e tomam com quatro. O bujão de gás subiu de 5 mil cruzeiros para 10.500. Desgraçados. A vela está queimando minha mão. Ai! Minha Nossa Senhora da Boa Morte! Também você não morre, irmão. Morra em paz, irmão. Dona Lourdes fica com a metade da pensão. Toda não dá, imagine a metade. Fome a granel. Fome em massa. Cadê Tessinha? Está lá: no canto da sala com as outras legionárias. Que beleza! Assim, pode-se morrer em paz.

— A paz do Senhor — diz Zé Daniel.

Diz, mas está tomando minha pinga.

— Me dá um trago. O último, pois vou morrer, hoje mesmo.

— Não, irmão, dr. Santos disse que o senhor não pode beber mais. A pinga mata devagarinho...

— Pois então, me dá. Não tenho pressa de morrer.

Tessinha está terminando o ofício de Nossa Senhora: "Agora lábios meus, dizei e anunciai, os grande louvores da Virgem Mãe de Deus". Xico Lema não entende. Mãe de Deus! Deus com mãe. Sim, Xico Lema. Jesus, filho de José com Nossa Senhora... É um mistério. Xico Lema quer entender tudo. Tem bispo que não entende e nunca entenderá. É mistério, gente. Vamos entender à luz da fé. Acredito, sim. Tenho fé. Mas, ó Bondoso Pai, aumentai a minha minguada fé...

Dr. Salomão é cientista. Também fica com dúvidas. Vamos deixar Xico pra lá. Tessinha continua rezando o ofício. Oração lindíssima. Os padres deixaram de rezar o Ofício de Nossa Senhora. Por quê? Meu pai sempre rezou até morrer. Tessinha continua rezando. Eu, padre casado, sempre rezei o ofício. Agora que estou morrendo, não posso rezar. Em 1964, meus direitos foram cassados. Castelo, combinando com a Igreja, cassou muitas coisas. A Igreja também imitando Castelo, cassou muitos santos. São Jorge, São Cipriano, São Cosme e Damião, Santo Onofre, São Cornélio, Santa Bárbara. Seriam subversivos? Agitadores? Sei lá. O dia de São Pedro foi cassado. Em compensação, São Pedro cassou Castelo para sempre. O povo inventa cada uma. Revolução... Feita pelo povo? Sei lá. 1964...

Vinde, Mãe Santa. Vem logo, Senhora do mundo. Querem que eu morra hoje. Agora. Só se morre na hora. Zé Daniel sabe disso. Mais um trago. Vou morrer mesmo. Vou dar mais um traguinho, mas sei que o irmão não vai morrer agora...

Não vou morrer por quê? Vasilhame ruim não morre assim tão logo. Madorna. A água subiu. A luz também.

Farofa com bucho. Comam, meninos! O major sumiu. Escândalo da mandioca. Justiça! Justiça!

No Rio Grande do Norte, o milho está custando 1500 cruzeiros o quilo. Escândalo do milho. Não querem e nem podem apurar o escândalo do milho. Agora, o escândalo do feijão. Quem pode apurar o escândalo do feijão? O Sistema comprou o feijão ao produtor a 150 cruzeiros o quilo. O mesmo sistema está vendendo aos pobres a 1100 cruzeiros. Quem vai apurar o escândalo do milho? O major? O major foi dar uma voltinha. Só vai aparecer quando tiver direito a anistia e umas cinco promoções. Certo. Eu faria o mesmo. Anistia ampla e geral para todos. Vitamilho. Como é bom, de 120 para 600 cruzeiros o meio quilo. Certo. Fica quieto, Zé da Olaria. Morra em paz. Que diabo tem você com isso, mísero e tacanho favelado? Vá fabricar seus tijolos. O governo não tem culpa. O governo é bom. Quem é o culpado? Sei lá. Os grupos mudam. Ficam os sistemas no mundo inteiro. Justiça e não violência. Domingos Barbé enviou-me 110 mil cruzeiros para o pão dos pobres. Deus lhe pague. Agora vamos dividir o alimento. O governo também mandou alimento. Pode-se falar desse governo? Nunca, todo mundo na fila. Vamos lá, Zé Lancha, entra na fila. Bastinho. Você foi soldado. É cabo da reserva. Mande a turma entrar na fila. Cobrir! Esquerda! Esquerda, não. Direita! Volver. Cobrir firme. Mãos coladas às coxas. Olhe aquela mulher com as coxas de fora. Cobrir!

O Walter Amorim aproveitou a voz de comando e está cobrindo Xiquinha lá nos pés de mamona. Walter não respeita a fome de Xiquinha. Safado. Recolhe o reservista Walter ao xadrez. Vinte e dois dias de sonolência. Nem durmo, nem fico acordado, Madorna. Tibe! Pelotão em forma. Receber o alimento e as roupas que o tenente Tubi mandou de São Paulo. Tenente Tubi é espírita. Um grande umbandista, mas nunca vi homem tão bom igual àquele.

Roupas dos umbandistas para os catolicistas. Cobrir. Firme. Receber. Walter Amorim chegou com Xiquinha. Um-dois, feijão com arroz. Haja alimento. O governo não presta? É o melhor do mundo. Macarrão preto. Feijão duro na queda para combinar. Estou morrendo mesmo. Não liguem para o que estão dizendo de mim. Nem liguem para o que estou dizendo. Outro ataque. O coração parou mesmo. Zé Daniel botou um gole de Caranguejo na minha boca. O coração voltou a bater, fibrilar fortemente. Vivo. Cachaça serve para tudo. Tessinha terminando o ofício de Nossa Senhora. Santinha é crente. Tem fé. O crente está salvo? Se não observar a coisa direitinho, vai para o céu da boca de uma onça... Madorna. Perna grossa. Farofa. Comprei farinha de mandioca com perna seca de sapo. Gostosa, a farinha com perna de sapo. Ninguém fiscaliza nada. Sistema. Só mudam os grupos. O miolo é o mesmo. Os Maias, os Alves, os Saldanhas, os Gurgel, os Pinheiros. Interessantes, os Maias... Cada um com candidatos diferentes. Aquele que for vitorioso arranja um peitinho da vaca leiteira para o parente que perder. Madorna. Operário. Salário. Custo de vida. O operário tem que ser bom católico e confiar no eterno milagre. Inda bem... 90 de salário. Descontos: 20 de INPS, 20 de transporte e 50 do aluguel. Morra, "fila da mãe"! Vamos votar. Nosso título é uma arma poderosa. O bucho subiu para 4.500 o quilo. Seu Pascoal vai vender a 5 mil. Certo. Certíssimo. Eu faria o mesmo.

Uns comerciantes vendem caro porque querem mesmo. Outros vendem mais barato. O leite subiu, o pão também. Os dólares também, duas vezes por semana. Eu acho é pouco. Tessinha está terminando o ofício de Nossa Senhora. "Ouvi, Mãe de Deus, minha oração, toquem em vossos peitos, os clamores meus". Toquem em vossos peitos?...

Irmã M.J. Rios-F.S.P. Que coisa! Toquem em vossos peitos. Devíamos rezar assim: toquem em vossa mente, em vosso coração. Era muito melhor. Peito? Não fica bem. O homem é malicioso. Lembrei-me de Xiquinha. Em lugar de peito, pelancas... Vamos esperar.

Doença venérea. Doença do mundo. Xico Lema nunca teve doença do mundo. "Ouvi, Mãe de Deus, minha oração, toque em vossos peitos"...

Na primeira vez em que tocaram nos peitos de Xiquinha, ela deu um tapão nas fuças do cara. Bem feito! Walter Amorim não presta mesmo. José Gomes tem filha moça. Quem vai tocar nos peitos das filhas de Zé Gomes? O marmanjo levaria uma meia dúzia de peixeiradas. Na primeira vez em que tocaram nos peitos de Xiquinha, ela deu um baita tapão. Depois... se acostumou. Achava bom.

Tessinha terminou o ofício. Eu também estou terminando os meus dias. Vinte e três dias sem dormir e sem morrer. Dando trabalho aos outros. Xiquinha. Perna grossa. Padre Rocha. Dom Albano, meu chefe. Um jegue. Um cavalo. Lourdes, não chore. A morte é uma liberdade. Ninguém quer essa liberdade. "Deixai voar as borboletas."

Xiquinha, uma borboleta. Padre Rocha, um zangão. Walter Amorim, um cavalo do cão. Lembrei-me do meu tempo de soldado. Um-dois! Um-dois, feijão com arroz. Hoje, nem feijão, nem arroz. Tudo caro. Feijão, 3 mil, arroz, 2 mil. Vai baixar? Vai subir mais, mais ainda. O tenente disse que ia baixar, o sargento ratificou: vai baixar o cassetete no nosso lombo. Vai subir o dólar. Nem precisa dizer mais nada, Zé Daniel, o dólar sobe todo dia. A cachaça subiu de preço e subiu para a cabeça. Itamar caiu, quebrou a testa no meio-fio. Subiu o quiabo, baixou a banana, relaxou a mandioca... Fuzil. Caixa da culatra. Ferrolho. O cano não levanta mais. Enferrujou. Cabo Gurgel, o tenente quer falar com o senhor. Pronto, meu bom tenente? Às suas ordens. Diga, meu bom. Quem fez um judas e colocou de sentinela no portão dos fundos? Tempo de guerra. Quem colocou o judas na guarita? Eu mesmo, seu tenente. Oito dias de prisão. Prisão ou prisões, seu tenente? Mais dois dias. Praia. Guerra, americanos, prostituição. Na pensão da Ribeira, o americano tomou minha mulher e levei ainda um pontapé no traseiro. Praia. Quis abecar o americano pelo gogó e o sargento da patrulha não deixou. Tempo bom. O dólar jorrando e o americano safado prostituindo nossas garotas. Rocas. Estava de folga. Encontrei na zona uma galeguinha muito linda. Pensei que fosse americana. Cantei. Ela caiu. Depois vim saber que era prima da prima de minha prima. Paguei 2 mil réis, muito dinheiro. O americano daria uns vinte. De outra feita estando de patrulha, um americano pegou na minha braguilha. Veado. Toquei-lhe o cassetete no nariz. Briga. Prisão. Madorna. Ataque de novo. Meu enterro sairá às quatro da tarde. Xico Lema não vai. Madorna. Extrema unção. Céu. Inferno. Salvação. Limbo.

Purgatório. Castigo. Na certa, vou ficar 3 mil anos no purgatório. Celebrei missa pelas almas de Getúlio, Juscelino, João Goulart, Lamarca, Iran Pereira, João Garcia etc. Cadê João Garcia, sargento e deputado federal? Sei lá. Mataram. Morreram. Sumiram. 1964.

Tanto que gostava de rezar o ato de contrição que acabei sendo atingido pelo Ato Institucional nº 1. Ou nº 5? Eram tantos os atos que nem me lembro do meu. Um-dois, feijão com arroz. Soldado, cabo, sargento, acólito, leitor, subdiácono, diácono, padre, bispo. Subi e fui subindo. Houve uma autoridade religiosa em São Paulo que me tomou um dinheiro emprestado. Quando lembrei que precisava do dinheiro, fui elevado à dignidade de Arcebispo para todo o Rio Grande do Norte. Nunca mais falei no assunto, nem na dívida.

Arcebispo do Rio Grande do Norte. Sim, senhor. Grão duque e metropolita da Igreja Ortodoxa Ocidental. Tudo isso com uma vontade enorme de ser papa. Ser papa?

Estou ficando moreno, negro... Preto não pode ser papa. Madorna. Gente fina. Sangue azul. Um cântico divino! Os anjos, os cantadores de viola. Seu Romano. Inácio da Catingueira, Cego Aderaldo, João Vieira, Zé Francisco, Pinto do Monteiro, Rodolfo, Vila Nova e Geraldo Amâncio. Relembrei mais alguns que estão lá no canto da sala com as violas na mão: João Quindingues, Januário, Elza Galdino, Raposinha, Adonias, Palmerinha da Bahia, Otacilio Batista, Lourival Bandeira, Galvão, Caboquinho, Azulão e tantos outros que não os recordo agora... Morri mesmo, para que relembrar tanta gente amiga? Elza Galdino foi cantar uma noite lá em casa e, enquanto minha mulher cochilou, dei uma cantada nela.

Madorna. Tresvalia. Otacilio Batista, João Quindingues. Pulmão infernal. Segue o enterro. Zé Daniel soltou a alça do caixão. Quase derrubava o caixão. Padre casado. Agonia de um ministro cheio de família. Fome. Carestia de vida.

Para que padre casar? Dom Nivaldo tem razão. O apóstolo Paulo também. Paulo depois diz que casar é melhor que abrasar... Confusão dos diabos. Casa ou não? É melhor casar ou abrasar? Claro que é casar. Salomão teve oitocentas garotas. Padre Gurgel vai com duas e já chegou ao fim. Padre solteiro. Mulher escondida. Como é bom morrer. Morrer, deixando a semente. Dom Albano vai dizer ao mundo: ele morreu, mas deixou uma boa semente: Maderfrânio, Mulpamíxades, Mazotopísteles, Mequistapache, Milhomens, Merêmpedes, Mansglio, Modlipelinda, Marilândia etc. São dezesseis. Segue o enterro. Vamos em frente. Minha cova ao lado de seu Oscar, o inaugurador do Campo Santo de Janduís.

Mulher escondida. É melhor casar. Está longe o cemitério? Não. É bem ali, chega já. Silêncio, já vai chegando. Cadê Xico Lema? Gurgel de Maroca cai por cima de Dada. Os dois estão daquele jeito. Zé Daniel largou a alça,

Juju pegou. Bêbado e cego, caiu. O defunto foi por terra. Lourival Régis não bebe mais, levantou o caixão. Amaral sorriu. Pedro Lancha também.

— Deixa de risada, Cardoso. Silêncio.

O dólar subiu. O quiabo baixou. Zé Lancha foi rezar o padre-nosso pequenino no meu caixão para eu ficar vivo. Chega de morrer e viver! É brincadeira, jogaram um torrão na boca de Zé Lancha. Vamos chegando ao cemitério. Os mortos se levantaram para me receber. Madorna.

Lourival, Oscar, Jacó Pires, os Régis, defuntos outros que nem me lembro mais; todos queriam me abraçar. Quantos pombos brancos, estou no céu. Nada de purgatório. Um urubu voou. Uma garça subiu, uma gaivota também. Subiu uma andorinha, o dólar também.

Uma santa ao lado de um satanás. Andorinha e dólar. Voando, subindo. Acabando.

Tudo subiu. Baixei à sepultura. Terra, terra e terra.

POSFÁCIO
GRILOS, ALIMENTOS DOS SANTOS

Texto de Rodney Mello, publicado originalmente na revista *O Cruzeiro* em maio de 1971

Uma barba grande, grisalha, aliança na mão esquerda, sapatos esportivos e uma pasta preta bastante surrada segurada por mãos enormes. Seria um homem comum, se não usasse uma batina marrom remendada e amarrada à cintura por uma cordinha com três nós. É o seminarista Milton Praxedes Gurgel, rio-grandense-do-norte de 49 anos e membro da Igreja Ecumênica Cristã do Brasil. Ele tornou-se conhecido depois de comer, "a exemplo dos santos", como diz, grilos, gafanhotos, lagartixas e mato num programa de Silvio Santos, na televisão.

Muita gente talvez tenha desligado o aparelho ou mudado de canal. No entanto, Praxedes tinha alcançado seu objetivo: obter dinheiro (ganhou um cachê de 500 cruzeiros) para reconstruir sua igreja. Ela fica no Jardim das Oliveiras, um local pouco habitado, próximo ao quilômetro 29 da rodovia Rio-Santos. O Santuário do Senhor das Oliveiras, como é conhecida a igrejinha, depois de estar quase pronto, foi parcialmente destruído pelas fortes chuvas de dois meses atrás.

UM HÁBITO ANTIGO

O costume de comer insetos vivos vem de quando Praxedes ainda trabalhava na roça — "eu tinha um primo que comia até sapo, e isto era o que eu mais invejava nele". Uma de suas grandes esperanças — e para isso não se cansa de dar exemplos — é que os homens aprendam a comer como os santos. Já experimentou de quase tudo. No entanto, não considera a minhoca apetitosa e, além do mais, "dá muita sede depois que a gente come". Os melhores "quitutes", em sua opinião, seriam os grilos, gafanhotos, lagartixas, bicudos, saracás e tanajuras.

— Já provei vaga-lume também, mas fiquei um bom tempo dando choques, e a minha mulher não gostou. Tive de parar.

Praxedes, sempre sorrindo, conta que na sua vida já aconteceram coisas esquisitas. Nascido em São Bento de Bofete, lembra que, aos seis anos de idade, trabalhando na roça, foi mordido por uma jararaca.

— Dois minutos depois de me picar, a cobra estava morta. Eu tomei cinco litros de leite e não me aconteceu nada.

Em casa, no entanto, o cardápio da família Praxedes é igual ao de qualquer outra. Arroz, feijão, carne e legumes, principalmente, são pratos de sempre. Mas o chefe da casa acha que um grilo possui muito mais vitamina que a alimentação comum, e atribui o seu vigor sexual à comida que apanha no mato. Antes de ingerir os insetos, Praxedes conversa com eles, diz-lhes que "estão colaborando com a obra de Deus, pois alimentam um consagrado".

GRILOS
alimento dos santos

Texto de RODNEY MELLO • Fotos de EDUARDO RIBERTO

Uma barba grande, grisalha, aliança na mão esquerda, sapatos esportivos e uma pasta preta bastante surrada segura por mãos enormes. Seria um homem comum, se não usasse uma batina marrom remendada e amarrada à cintura por uma cordinha com três nós. É o seminarista Milton Praxedes Gurgel, rio-grandense-do-norte de 49 anos e membro da Igreja Ecumênica Cristã do Brasil. Êle tornou-se conhecido depois de comer, "a exemplo dos santos", como diz, grilos, gafanhotos, lagartixas e mato num programa de Silvio Santos, na televisão.

Muita gente talvez tenha desligado o aparelho ou mudado de canal. No entanto, Praxedes tinha alcançado seu objetivo: obter dinheiro (ganhou um cachê de 500 cruzeiros) para reconstruir sua igreja. Ela fica no Jardim das Oliveiras, um local pouco habitado, próximo ao quilômetro 29 da rodovia Rio-São Paulo. O Santuário do Senhor das Oliveiras, como é conhecida a igrejinha, depois de estar quase pronto, foi parcialmente destruído pelas fortes chuvas de dois meses atrás.

UM HÁBITO ANTIGO

O costume de comer insetos vivos vem de quando Praxedes ainda trabalhava na roça — "eu tinha um primo que comia até sapo, e isto era o que eu mais invejava nêle". Uma de suas grandes esperanças — e para isso não se cansa de dar exemplos — é que os homens aprendam a comer como os santos. Já experimentou de quase tudo. No entanto, não considera a minhoca apetitosa e além do mais "dá muita sêde depois que a gente come". Os melhores "quitutes", em sua opinião, seriam os grilos, gafanhotos, lagartixas, bicudos, saracás e tanajuras.

— Já provei vaga-lume também, mas fiquei um bom tempo dando choques, e a minha mulher não gostou. Tive de parar.

Praxedes, sempre sorrindo, conta que na sua vida já aconteceram coisas esquisitas. Nascido em São Bento de Bufete, lembra que, aos seis anos de idade, trabalhando na roça, foi mordido por uma jararaca.

— Dois minutos depois de me picar, a cobra estava morta. Eu tomei cinco litros de leite e não me aconteceu nada.

Em casa, no entanto, o cardápio da família Praxedes é igual ao de

Do primeiro matrimônio Praxedes teve 4 filhos. Viúvo, casou com d. Maria de Lourde deu mais dez, batizados com nomes esquisitos: Mazotopisteles e Mequistapache, no c

...xedes comeu grilos perante ...multidão de telespectadores ... programa de Sílvio Santos e ...hou 500 mil para a sua igreja.

...quer outra. Arroz, feijão, carne e ...mes, principalmente, são pratos ... sempre Mas o chefe da casa ... que um grilo possui muito mais ...mina que a alimentação comum e ...ui o seu vigor sexual à comida ... apanha no mato Antes de ingerir ... insetos, Praxedes conversa com ..., diz-lhes que "estão colaborando ... a obra de Deus, pois alimentam ... consagrado".

HÁBITO NÔVO

...bora Praxedes só venha a ser or-...nado no final dêste ano — está es-...ando num seminário externo —, ...os os seus vizinhos já o chamam ... padre Seus 14 filhos também — ...tro do primeiro casamento e dez ... segundo. A primeira vez que se ...sou tinha 29 anos e teve os filhos ...ton, Murilo, Maurício e Maria Apa-...cida, que está num convento do Rio ...ande do Norte.

... Viúvo, Praxedes voltou a casar-se. ...aria de Lourdes foi a escolhida, ape-...r de ser 11 anos mais nova que ... Com ela teve 10 filhos em dez ...os de matrimônio e outro não ...o, porque ela abortou num aci-...nte Seus filhos com a segunda es-...sa receberam nomes estranhos — ...ansglio, Marcolândio, Merêmpedes, ...aria Dalva, Maderfrânio, Mupamixa-..., Milhomens, Marilândia e os gê-...eos Mazotopisteles e Mequistapa-... A mulher diz que isso é coisa ... marido, mas êste a responsabiliza ... os dois se divertem com a história.

... A família tôda mora numa casa ...quena — sala, quarto, cozinha e ...nheiro — no bairro de Tatuapé, ...o Paulo. Doze irmãos dormem no ...arto e Praxedes sustenta os seus ...m os 300 cruzeiros mensais que ... rendem os imóveis da primeira ...pôsa e com uma pensão que a atual ...cebe. Mas êle já está construindo ...a casa de quatro quartos perto da ...reja em obras.

... Recitar Catulo da Paixão Cearense ...um dos passatempos de Praxedes, ... já editou um livro em 1965 — ...ecordações de um Soldado. Outro ...vertimento: escrever "algumas tro-...nhas", onde o tema, invariàvelmente, ... mulher.

... — Sá dona, vossa mecê/ É a fulô ...ais xerosa/ A fulô mais perfumosa/ ...ui meu sertão já butô/ Pode fazê ...n cardume/ De tudo que fô perfume/ ... tudo que fô fulô,/ Mas, nenhuma, ...nhuma só/ Tem o xero do suô/ ... teu corpinho botô.

UM HÁBITO NOVO

Embora Praxedes só venha a ser ordenado no final deste ano — está estudando num seminário externo —, todos os seus vizinhos já o chamam de padre. Seus catorze filhos também — quatro do primeiro casamento e dez do segundo. Na primeira vez em que se casou tinha 29 anos e teve os filhos Milton, Murilo, Maurício e Maria Aparecida, que está num convento do Rio Grande do Norte.

Viúvo, Praxedes voltou a casar-se. Maria de Lourdes foi a escolhida, apesar de ser onze anos mais nova que ele. Com ela teve dez filhos em dez anos de matrimônio e outro não veio, porque ela abortou num acidente. Seus filhos com a segunda esposa receberam nomes estranhos — Mansglio, Marcolândio, Merêmpedes, Maria Dalva, Maderfrânio, Mupamixades, Milhomens, Marilândia e os gêmeos Mazotopísteles e Mequistapache. A mulher diz que isso é coisa do marido, mas este a responsabiliza — os dois se divertem com a história.

A família toda mora numa casa pequena — sala, quarto, cozinha e banheiro — no bairro de Tatuapé, São Paulo. Doze irmãos dormem no quarto, e Praxedes sustenta os seus com 300 cruzeiros mensais que lhe rendem os imóveis da primeira esposa e com a pensão que a atual recebe. Mas ele já está construindo uma casa de quatro quartos perto da igreja em obras.

Recitar Catulo da Paixão Cearense é um dos passatempos de Praxedes, que já editou um livro em 1965 — *Recordações de um Soldado*. Outro divertimento: escrever "algumas trovinhas", cujo tema, invariavelmente, é mulher.

— Sá dona, vossa mecê / É a fulô mais xerosa / A fulô mais perfumosa / Qui meu sertão já butô / Pode fazê um cardume / De tudo que to perfume / De tudo que to fulô,/ Mas, nenhuma, nenhuma só / Tem o xero do suô / Que teu corpinho botô.

ORDEM DOS PADRES MISSIONÁRIOS DO SAGRADO CORAÇÃO DE JESUS

Rua 33 n.º 1 - Km. 29 - Jardim das Oliveiras

Itaim — Paulista — SP.

Batizados, Crismas, Missas e Casamentos, na Igreja e em casa. Não tem cursi-

Gurgel d Gurgel
Gurgel Praxedes.

Vá fazer uma visita a nossa Ordem. nos ajude a construir.

Dom Milton Praxedes Gurgel - Diretor.

Disse Jesus "Tua fé te salvou"

FORMATO	16 x 23 cm
TIPOGRAFIA	Mercury e Carroceria
PAPEL	Pólen 90 g/m² e couché fosco 115 g/m²
NÚMERO DE PÁGINAS	224
IMPRESSÃO	Gráfica Cromosete